VIVIR ENTRE MUERTOS

COMO MI ABUELA SOBREVIVIÓ AL
HOLOCAUSTO CON AMOR Y FORTALEZA

ADENA BERNSTEIN ASTROWSKY

AMSTERDAM PUBLISHERS

Título original: *Living among the Dead. My Grandmother's Holocaust Survival Story of Love and Strength*

Con los textos de Mania Lichtenstein

Narrativa de su nieta, Adena Bernstein Astrowsky

Traducción del inglés de Neus Palou Ferrer

Copyright © Adena Bernstein Astrowsky, 2024

ISBN 9789493322592 (libro digital)

ISBN 9789493322585 (tapa blanda)

Parte de la serie Supervivientes del Holocausto

Editorial: Amsterdam Publishers

info@amsterdampublishers.com

Adena.Astrowsky@yahoo.com

Portada: Mania Lichtenstein (Bubbie) y la madre de Adena en Berlín tras la Segunda Guerra Mundial

Todos los derechos reservados. No se permite la reproducción total ni parcial de esta publicación por ningún medio, electrónico o mecánico, incluyendo fotocopias, grabaciones, ni ningún sistema de almacenamiento y recuperación de información, sin consentimiento escrito de la editorial.

Premios: Ganador del 2022 IAN Book of the Year Outstanding Non-Fiction; ganador de la medalla de oro del género de no ficción del 2020 Readers Favorite; primer lugar en el 2020 Royal Dragonfly Book Award Contest en el género de biografía/autobiografía/memorias.

ÍNDICE

Recomendaciones — ix
Agradecimientos — xv
Introducción — xvii

1. Bubbie — 1
2. El mundo que conocí — 13
3. Nechamka — 22
4. Familia — 25
5. Vida en Polonia — 30
6. Control ruso — 42
7. Imágenes inolvidables — 45
8. Ocupación alemana — 51
9. El principio del fin — 56
10. Vida en el ático — 66
11. Un nuevo gueto — 70
12. Los mil restantes — 74
13. En el bosque — 81
14. Liberación — 87
15. Mi hogar — 90
16. En busca de un nuevo hogar — 93
17. Europa bañada en sangre queda atrás — 97
18. Traslado a un nuevo país — 100
19. Mi extraño día de boda — 108
20. Justos entre las Naciones — 113
21. Más escritos de Mania — 118
    Epílogo — 138

Petición de reseña — 143
Más de Amsterdam Publishers — 145

«...aún veo pasar ante mis ojos las cosas que sucedieron hace años. ¡Si tan solo las lágrimas que provocan pudieran limpiarlas!» *Mania Lichtenstein*

Le dedico este libro a mis tres maravillosos hijos,

Sarah, Zachary y Gabby.

Son el recordatorio viviente de que, aunque los nazis asesinasen a un total de once millones de personas, Hitler fracasó en su misión de exterminar completamente a los judíos de este planeta.

Que el recuerdo de todos los que fallecieron sea una bendición.

RECOMENDACIONES

Me sentí muy honorado cuando me pidieron que leyese y escribiese una reseña del libro de Adena Astrowsky, *Vivir entre muertos*. Para mí lo que destaca es lo distinto que es este libro de muchos otros libros sobre el Holocausto. Lo que más me impresionó fueron dos cosas: 1) la cantidad de información documental importante que muchas veces se desconoce o se olvida y 2) los detalles sobre la vida de su abuela en los campos de trabajo. Siento que es un libro importante y bien escrito que el mundo necesita leer. Como le dije a Adena, hizo un «mitzvá» (una buena acción) para el mundo al documentar la historia de su abuela de forma tan excelente.

– **Ben Lesser**, superviviente del Holocausto, autor, conferenciante y fundador de Zachor: fundación de conmemoración al Holocausto

Una inspiradora historia de valores y tradiciones que pasan de generación en generación, escrita por una nieta que ha dedicado su vida a ser fiscal de crímenes con víctimas. Historia narrativa del Holocausto a través de conversaciones con su abuela «Bubbie», que

escribió poesía durante el Holocausto, además de sus pensamientos a lo largo de los años. Los poemas de «Bubbie», como *El pasado nostálgico*, se podrían adaptar fácilmente para las clases de secundaria.

– **Jay Levinsohn**, profesor

* * *

Aunque es increíblemente difícil leer sobre la crueldad desalmada que se infligió a los judíos y a otros grupos durante la Segunda Guerra Mundial, es imperativo hacerlo. La idea de que se pueda repetir la demonización de una raza entera no solo debería parecernos implausible, sino imposible. Trágicamente, sin embargo, nos encontramos en un mundo que se tambalea ante el resurgimiento del odio y la violencia. Ante este telón de fondo, *Vivir entre muertos* de Adena Bernstein Astrowsky puede servir como una llamada de atención importante.

Mi enhorabuena a Astrowsky, la nieta de Mania Lichtenstein, por preservar las experiencias de su abuela durante los tiempos de guerra. «Iba a primaria cuando me enteré de que mi abuela era una superviviente del Holocausto» dice Astrowsky. Esta exposición temprana a las historias de una crueldad inimaginable que había vivido su abuela dejó una marca indeleble. A través de sus ojos, *Vivir entre muertos*, una colección de los textos de Lichtenstein y las observaciones de su nieta, se convierte en un regalo de importancia inmensurable para todos nosotros.

Este libro debería estar en todas las bibliotecas a partir de secundaria. Los lectores saldrán sintiendo un rango de emociones. Las mías son una tristeza enorme mezclada con gratitud y la esperanza eterna de que estas lecciones no se pierdan para esta generación y las que vienen.

– **Linda F. Radke**, presidenta, Story Monsters LLC, antes llamado Five Stars Publications, Inc.

* * *

En dos ocasiones se me ha brindado la oportunidad de ayudar a relatar las historias de supervivientes del Holocausto: la primera, cuando ayudé a escribir la biografía de Cantor Leo Fettman (*Shoah: Journey from the Ashes*) y más recientemente, cuando me pidieron que editara *Vivir entre muertos*. Como es comprensible, ambas experiencias me parecieron profundamente emotivas y emocionantes.

Vivir entre muertos es la reflexión cariñosa y cuidadosa que hace Adena Bernstein de los pasajes del diario privado de su abuela que Mania Lichtenstein escribía como forma de lidiar con los recuerdos de lo que había sobrevivido durante la Segunda Guerra Mundial. Además de estas notas escritas por Mania Lichtenstein, Astrowsky también pasó años hablando con su abuela sobre sus experiencias, por difícil que fuesen muchas de esas conversaciones.

Así pues, ¿necesitamos otro libro sobre el Holocausto? La respuesta se vuelve obvia cuando vemos el crecimiento de los grupos de odio. Judíos, cristianos, musulmanes, hindús, agnósticos, ateos... todos somos hermanos y hermanas. Pero cuando el odio y la discriminación, nacidos casi por completo de la ignorancia y el miedo, pasan a dominar nuestras vidas, sí que necesitamos este libro.

Vivir entre muertos es otro valioso ladrillo en el muro del «nunca más», que requiere atención y fortificación constantes.

– **Paul M. Howey**, escritor y editor

* * *

Para la mayoría de los estadounidenses que vivían al final de la Segunda Guerra Mundial, las noticias del Holocausto llegaron en forma de fotografías en la revista más popular de Estados Unidos: *LIFE*. Montañas de restos esqueléticos y caras apenas humanas miraban fijamente a las cámaras; el general Eisenhower ordenó que se documentasen los horrores nazis de los «campos de concentración». Unos años más tarde, *el* superventas era de la brillante hija adolescente de una familia judeoalemana que se escondía en Holanda. *El diario de Anna Frank*, aún leído en muchos colegios estadounidenses, termina sin revelar el terrible destino que ahora sabemos que toda la familia, excepto del padre de Anna, compartió con «los seis millones». Después de medio siglo, hemos llegado a conocer los límites de estas fuentes de información más famosas. La mayoría de los judíos asesinados no eran de Alemania, sino de Europa del este; la mayoría no murió en «campos», sino en sus vecindarios de toda la vida, masacrados por los *Einsatzgruppen* y después enterrados en fosas, hasta decenas de miles por día.

La genialidad de *Vivir entre muertos* no es solo que es una de las únicas memorias que describe esta forma de muerte (20 000 judíos masacrados solo en la ciudad polaca de Wlodzimierz), sino que también expresa como vivían los judíos en Europa del este, que un gran número de judíos de hoy identifican como su lugar de origen.

En apariencia está coescrita por dos generaciones de autoras (abuela y nieta, ambas autodesignadas como «velas conmemorativas»), pero en realidad hay tres narradoras: (1) la chica de 17 años que engaña a la muerte gracias a lo que ella llama «destino», que nosotros vemos que es una insólita habilidad para juntarse siempre con gente buena que puede ayudarla; (2) la mujer madura en que se convirtió, con la sabiduría de escapar de la Europa «bañada en sangre» hacia Canadá y después inmigrar a Estados Unidos, trabajando como contable, convirtiéndose en lectora ávida de clásicos literarios en varios idiomas, persistiendo en escribir sus memorias incluso tras perder la vista y; (3) su nieta fiscal que persistió a través de los años de entrevistas a veces difíciles, y que después construyó una narrativa con habilidad, empezando con el benei mitzvá de sus hijos gemelos, días después de la muerte de su querida B-Bubbie, la superviviente por excelencia que, como escribió la autora, «quería asegurarse de que el resto del mundo no olvidaba la belleza de la cultura de la que disfrutaba su familia antes de que fuese vilmente destruida». Un libro maravilloso, un tesoro de fuerza individual, amor de familia, solidaridad de la comunidad e historia judía.

— **Marcia Ruth**, editora y autora jubilada

* * *

Utilizando tanto sus palabras como las de su abuela, Astrowsky teje la historia de supervivencia contra todo pronóstico durante el Holocausto. Antes siquiera de terminar el libro, sentí que conocía a «Bubby» y podía oír su voz firme a través de su poesía y su increíble historia de guerra y lucha en Europa del este.

— **Kimberly Klett**, profesora de museo 2003-04, Museo Conmemorativo del Holocausto de Estados Unidos y directora suplente ejecutiva, Instituto de los Derechos Humanos de los educadores

* * *

Vivir entre muertos echa un vistazo de forma cautivadora y sincera al camino que hizo una niña al adentrarse y salir del Holocausto. Una niñez antaño llena de alegría e inocencia se vio sustituida por desesperación absoluta cuando perdió a toda su familia y tuvo que aprender a sobrevivir por sí misma. Aunque su supervivencia no fue nada menos que un milagro, la verdadera importancia de esta historia es el triunfo final del bien sobre el mal a lo largo de una vida bien vivida, y un legado asegurado.

Vivir entre muertos transforma el estudio del Holocausto como un acontecimiento distante en una trayectoria personal. Como profesora, creo que leer este libro ayudará a mis alumnos a desarrollar un entendimiento más rico e íntimo de este período de la historia y a equiparlos mejor para llevar a cabo la importante labor de compartir las lecciones del Holocausto con las generaciones futuras.

— **Sarah Armistead**, profesora de historia de secundaria

* * *

Vivir entre muertos de Adena Bernstein Astrowsky es una memoria que incluye los escritos de su abuela Mania Lichtenstein, que sobrevivió a las atrocidades del Holocausto. Astrowsky teje con habilidad la poesía y las reflexiones personales de su abuela en una narrativa que da contexto y conexión con la audiencia. Al compartir la historia de su abuela, aprendemos de un testimonio de primera mano las experiencias horribles que soportó para sobrevivir y, a través de su supervivencia, aprendemos lecciones de valor, resiliencia y el valor de la vida.

Las experiencias que aporta Astrowsky son más que una historia familiar. Es una historia de cultura y significado que muestra la importancia de las relaciones y de la familia durante tiempos tanto difíciles como gratificantes. Muchos de sus recuerdos personales se centraban en las personas involucradas: los que perdió, los que vivieron y la familia que la rodeaba. Es fácil imaginar como uno caería en la desesperación como resultado de estas experiencias, sin embargo, cuando sabemos cómo Lichtenstein aprendió a vivir su vida, entendemos por qué era importante para ella tener esperanza y perseverar.

La Segunda Guerra Mundial sucedió hace más de siete décadas y muchos de los que vivieron durante esa época han fallecido. Con tal de aprender el impacto de la historia necesitamos testimonios de primera mano de aquellos que la vivieron, así como no olvidar jamás los acontecimientos del Holocausto para que la historia no se repita. *Vivir entre muertos* es un libro excelente que cumple ambas cosas. Astrowsky no solo comparte estas perspectivas importantes, también hace un tributo maravilloso a su abuela, que quería a su familia.

— **Paul Becker**, *coach* de artes en segunda lengua, distrito escolar unificado de Scottsdale

AGRADECIMIENTOS

Me gustaría expresar mi más sincero agradecimiento a todas las personas que me ayudaron a conmemorar la historia de supervivencia de mi abuela. Crear un libro como este requiere mucho tiempo aparte de mi trabajo a tiempo completo y lejos de mi familia. Me gustaría empezar dándoles las gracias a mi marido, Brad, y a mis hijos, Sarah, Zachary y Gabby, por su paciencia y cariño mientras pasaba muchas noches y fines de semana trabajando en este proyecto. Me perdí bastantes actividades y reuniones sociales para sentarme frente al ordenador para investigar y escribir. Es con ellos en mente, sin embargo, que decidí enfrentarme a este proyecto.

También me gustaría agradecerle a mi madre, Jeanie Bernstein, que pasase tanto tiempo conmigo mientras revisaba la historia completa de la supervivencia de su madre. Fue de mucha ayuda para rellenar muchos de los vacíos de la posguerra. Además, surgieron preguntas por el camino que requirieron del conocimiento adicional de los detalles específicos que mi padre (Allan Bernstein), mis hermanas (Joanna y Corinne) y sus familias fueron capaces de aportar. También les doy las gracias a ellos.

Varias personas me han ayudado a traducir las cartas que mi abuela escribió en polaco y yidis. Me gustaría darles las gracias a mi amiga, Joanna Jablonski, y a su madre, Eva Morris, por ayudarme a traducir las cartas y la postal en polaco. Para las dos cartas en yidis, les doy las gracias a Levi Levertov, Jeff Miller y Etty Sims por su ayuda.

Un profundo agradecimiento al personal de Yad Vashem y del Museo Conmemorativo del Holocausto de Estados Unidos. Ambos museos me dieron varios recursos y asistencia a lo largo de la escritura de este libro.

Me gustaría darle las gracias específicamente a Maria Sehen, de Yad Vashem, por asistirme al procesar la nominación de Jamina para que considerasen su inclusión en la lista de Justos entre las Naciones y por su ayuda adicional para localizar información sobre la ciudad natal de mi abuela. Maria también me puso en contacto con una amiga de la infancia de mi abuela, Genia Seifert, que me dio detalles adicionales que me ayudaron a entender la niñez de mi abuela. Estoy muy agradecida con mi amiga de la universidad, Shira Gafni, que se reunió con Genia en Israel y pasó tiempo en su hogar haciéndole muchas preguntas en mi lugar.

Siempre le agradeceré a Maria Ruth su extraordinaria perspicacia y que fuese capaz de contribuir a este libro con tantos datos históricos. También agradecerle a Paul Howley que me ayudase a editar el manuscrito original antes de presentarlo a Amsterdam Publishers para que lo considerasen. Muchas personas se ofrecieron voluntarias para leer una copia avanzada de este libro y dar su reseña honesta. Os doy las gracias a todos vosotros por vuestro tiempo, apoyo y palabras.

Finalmente, siempre estaré agradecida con Liesbeth Heenk de Amsterdam Publishers porque aceptó publicar este libro. Desde el momento en que tuvimos nuestra primera conversación por Skype, supe que este libro estaba en buenas manos y que desarrollaríamos una relación maravillosa. Al publicarse el libro esperamos recordarle a cada nueva generación que Nunca Olviden.

INTRODUCCIÓN

Adena y su abuela en la playa (1974).

Me llamo Adena Bernstein Astrowsky, soy la nieta mayor de Mania Lichtenstein. Mi nombre judío es Rivka Nechama, me lo pusieron por las hermanas de mi abuela, Rivka y Nechamka, quienes fallecieron en el Holocausto. Siempre he sentido una gran conexión con ambas mujeres, no solo por nuestro nombre compartido, también por las historias que me contó mi abuela. Escribir este libro me ha permitido conocer los detalles de su supervivencia (la familia la conocía como Bubbie), pensar profundamente sobre las dificultades que tuvo que superar y verla realmente como ella había llegado a ver a su madre: como una heroína.

Yo iba a primaria cuando supe por primera vez que mi abuela era una superviviente del Holocausto. Incluso tan joven como era entonces, sabía que el Holocausto era un momento de la historia horrible e inimaginable, y que ella era muy afortunada por haber sobrevivido. Pero, debo admitir, realmente no pensé mucho más en ello hasta que estuve en secundaria, cuando empecé a hacerle preguntas sobre su experiencia. Ninguna de mis preguntas, sin embargo, recibía una respuesta fácil. De hecho, conocer los detalles de la supervivencia de mi abuela nunca fue fácil.

Recuerdo estudiar historia del mundo en el instituto y preparar una lista de preguntas para ella. Claro está, yo era una típica adolescente impaciente que no tenía tiempo eterno para sentarme y escuchar toda la historia. Quería que me respondiese a mis preguntas concretas tan rápida y sucintamente como fuese posible, pero a ella siempre le parecía difícil darme respuestas simples.

La verdad es que probablemente mis preguntas no estaban bien formuladas, pero parecía que una pregunta sobre un tema siempre la llevaba a hablar sobre varios otros. Supongo que no quería que pensase que una información aislada podía representar toda la historia. O puede ser que los detalles y los eventos estuviesen tan entrelazados que le resultase difícil separar los hechos que yo buscaba.

Cuando miro atrás a mis expectativas de adolescente, he llegado a entender por qué esto era una tarea imposible para mi abuela. Cada historia suponía múltiples detalles que tenía que compartir para responder a lo que yo asumía que era una pregunta «sencilla».

Lo que más frustró mis esfuerzos fueron las pesadillas que descubrí que sufría, a veces durante semanas, después de compartir sus experiencias. Es un efecto secundario común en muchas víctimas de trauma: contar el acontecimiento terrible muchas veces los obliga a sufrir de nuevo. Yo no quería esto para ella. Aun así, no podía disuadirla.

Bubbie se agarró firmemente al fuerte deseo que su familia conociese sus raíces. Le dio énfasis a esto una y otra vez cuando sus hijos tuvieron hijos, y estos hijos tuvieron hijos, con el Holocausto alejándose cada vez más de la conciencia de cada generación. Mientras veía que esto sucedía, se volvió aún más fundamental para ella que conociésemos nuestra historia común.

El propósito de mi abuela al hacer esto no era que nos mortificásemos por los detalles horribles. Al contrario, quería enriquecer nuestras vidas a través del conocimiento del pasado. En otras palabras, no creía que fuésemos conscientes de lo que nos perdíamos al no saber la historia de su supervivencia y de la de aquellos que no sobrevivieron al Holocausto. Es mi esperanza, al escribir este libro, que sus descendientes y otros conozcan no solo los horrores llevados a cabo por los nazis, también la belleza de las vidas creadas por los judíos.

Así, a lo largo de los años, mi abuela escogió el medio de la escritura para sobrellevar y expresar sus sentimientos y emociones. Muchas veces, de noche, cuando no podía dormir, se sentaba sola en el escritorio de su habitación y escribía. Incluso en los años finales, cuando fue perdiendo la vista, continuó escribiendo con la ayuda de una lupa de aumento. Escribir era su terapia. Para mí los beneficios también eran enormes, pues podía entender mejor lo que intentaba explicarme.

A través de su escritura, pude darle sentido a la historia de su supervivencia. Bubbie quería asegurarse de que el resto del mundo no olvidaba la belleza de la cultura que ella y su familia tenían antes de que fuese tan vilmente destruida. Escribió:

Tanto tiempo ocioso, solo mi mente sigue trabajando...
Tantas memorias de los años pasados
llenan mi mente

Debo hablar,
¿pero quién va a escucharme?
Los que se verían reflejados y entenderían
ya no están o están lejos.
Así que «hablo» escribiendo,
aunque soy la única que escucha.
Es lo segundo mejor para aliviar mi mente.

Solo puedo suponer por qué lo consideraba lo segundo mejor. Quizás porque no tenía a nadie con quien hablar del tema, cosa que probablemente hubiese preferido.

Yo estaba estudiando derecho cuando conocí la fundación Shoá, una organización fundada por Steven Spielberg para ayudar a las generaciones presentes y futuras a aprender sobre el Holocausto. En parte lo hace recolectando y preservando las historias personales de los supervivientes y de otros testigos del Holocausto.

Lo arreglé para que alguien de la fundación entrevistase a mi abuela y grabase su testimonio en vídeo. Miré las cuatro horas enteras de su testimonio varias veces. Hacerlo mejoró mi apreciación de lo que había soportado (y, la verdad, seguía soportando). Esa experiencia confirmó mi decisión de escribir su historia.

Cuando empecé a escribir, ella aún estaba viva y vivía cerca de mí. Pude entrevistarla frecuentemente sobre temas concretos que pensaba que eran confusos o sobre los que necesitaba más aclaración y detalles.

Repito, hacerle preguntas no siempre era fácil, ni podía esperar una respuesta sencilla y directa, pero cuando llevaba a mis hijos pequeños (Sarah, Zachary y Gabby) conmigo, parecía que la ayudaba a centrarse. Respondía a mis preguntas con cuidado porque podía ver que también ellos intentaban entender su historia como supervivientes de cuarta generación.

Zachary, Gabby, Bubbie y Sarah.

Zachary, Gabby, Bubbie y Sarah.

Dos meses después de que se publicase una versión anterior de este libro, mi querida abuela falleció. Que su recuerdo nos bendiga.

He pensado mucho sobre por qué este proyecto es importante para mí. Al principio, mi respuesta era simple: inmortalizar los detalles de la supervivencia de mi abuela para que nuestros hijos y todas las generaciones futuras lo lean y comprendan.

Todo hemos escuchado el dicho: «No debemos olvidar jamás para que nunca vuelva a suceder». Yo creo que mi generación tiene el poder del «nunca más» si nos aseguramos de que la generación siguiente realmente «nunca olvide».

Todavía creo y espero que lo que sea que aprendamos sobre un genocidio pueda ayudarnos, si Dios lo quiere, a prevenir el siguiente.

Hace tiempo que siento lo que la psicóloga Dina Wardi describe en su libro, *Velas conmemorativas: niños del Holocausto*, cuando habla sobre cómo es ser un miembro de la familia que ha decidido ser el encargado de continuar con la memoria y el legado de los que sobrevivieron o no.

Yo sé que, a medida que he crecido con mi conocimiento sobre el Holocausto y vivido más años como madre de tres hijos ahora adolescentes, también me he vuelto más consciente del antisemitismo que todavía reina en los países alrededor del mundo. También sé que el genocidio continúa para otros grupos que, como los judíos hace unos ochenta años, están siendo asesinados solo por su etnia.

Hoy, según el Museo Conmemorativo del Holocausto de Estados Unidos, «El mundo se enfrenta a la mayor crisis humanitaria desde el fin de la Segunda Guerra Mundial y el Holocausto. Siria, Afganistán y Sudán del Sur suman más de la mitad de los veinticinco millones de refugiados alrededor del mundo hoy». Muchos de estos refugiados escapan de situaciones similares a las que enfrentaron los judíos por Europa antes de la guerra.

Por lo tanto, fue especialmente conmovedor cuando, en abril de 2019, el templo Solel (mi lugar de culto en Paradise Valley, Arizona) trajo una familia de refugiados que habían huido de la Siria destrozada por la guerra a través del Programa de Refugiados Sirios. Eran una familia de cuatro: mamá y papá, hijo e hija. Se mudaron a Estados Unidos porque su gobierno se estaba volviendo en contra de los suyos. La oficina de refugiados sirios de Jordania que los ayudó a emigrar eligió Estados Unidos como su destino seguro. Esta familia conocía muy poco la cultura occidental y, aunque llevaban dos años viviendo en Estados Unidos para cuando vinieron a mi templo, solo los niños hablaban inglés.

El dilema en el que se encontraban (y la oportunidad que les ofrecieron aquí en Estados Unidos) me recordó a mi abuela y las habilidades básicas requeridas solo para sobrevivir, como hablar el idioma local.

Además de aprender polaco en el colegio y yidis en casa, mi abuela aprendería ruso, alemán, francés e inglés a partir de la necesidad de sobrevivir y mantener a su familia. De forma parecida a la familia de refugiados que se mudaron a Estados Unidos y tuvieron que aprender inglés, mi abuela también se vio obligada a aprender idiomas nuevos para integrarse, criar a sus hijos, mantener un trabajo, conversar con sus vecinos, etcétera.

Mi esperanza al escribir este libro es llevar atención a las personas que se ven perseguidas por ser quienes son. Mi objetivo al contar la historia de mi abuela de esperanza y supervivencia cuando no quedaba nada más, es promover comprensión y empatía, especialmente cuando nos vemos reflejados en una generación que casi ya no está.

Mi abuela tenía una palabra para describir como había sobrevivido al Holocausto, el genocidio que asesino a toda su familia:

Como superviviente del Holocausto, muchas veces me preguntan lo mismo: «¿Cómo sobreviviste?». Efectivamente, ¿cómo? Yo, la pequeña de la familia, tímida e insegura, para nada valiente. Podría responder con una palabra: destino. Estaba predestinada a sobrevivir tres pogromos, que eliminaron a los 26 000 judíos, aproximadamente, de la ciudad. - Mania Lichtenstein, 1995

Y preguntaba lo mismo que se han preguntado tantos durante las ocho últimas décadas: ¿por qué los nazis asesinaron a millones de hombres, mujeres y niños judíos; a gitanos, testigos de Jehová, miembros de la iglesia Adventista del Séptimo Día, homosexuales, resistentes y disidentes políticos y otros?

Por qué

Al despertarme lloraré,
Mi corazón dolorido murmura: ¿por qué?
¿Por qué nos hicieron esto?
No puedo parar las lágrimas
Que corren por mi cara
Pues el dolor en mi corazón no para.

Mania Lichtenstein, 1980

Lo que sigue es la historia de mi abuela.

1

BUBBIE

Bubbie era hija, hermana, esposa, madre de dos hijos, abuela de cinco nietos, bisabuela de diez bisnietos. Y también era una superviviente del Holocausto. Esta historia va sobre su vida o, por lo menos, las partes de esa vida que compartió conmigo en conversaciones y a través de sus escritos, en los que hablaba de sus recuerdos de infancia más tempranos y de vivir el Holocausto.

Su historia personal ahora es historia del mundo. Pero, como por algún milagroso motivo sobrevivió a hechos horribles y degradación inimaginable, su familia, su fe y su esperanza también sobreviven.

Como la mayoría de los miembros de mi generación, nacidos tres décadas después del final de la Segunda Guerra Mundial, me enteré de esta historia casi sin entender *realmente* la situación de los judíos en el Holocausto, y mucho menos la de mi propia abuela.

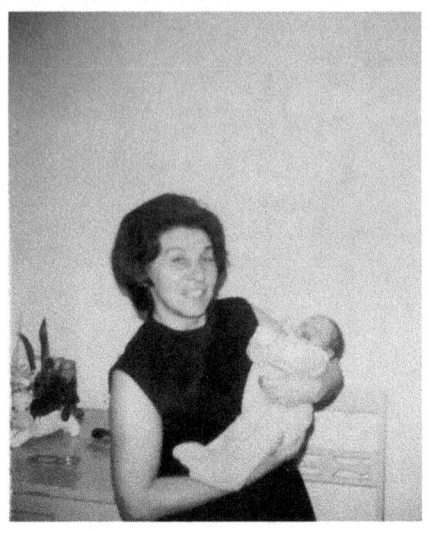

La abuela de Adena cogiéndola justo después de su nacimiento, abril de 1971

Me crie en un maravilloso hogar rodeada de familia y amigos. Me impliqué en muchas actividades en el colegio y fui, en todos los sentidos, una niña normal y feliz. Pero al crecer no podía evitar fijarme en lo que muchas veces se llama «presencia de la ausencia» en mi familia materna.

Cuando nos juntábamos con la familia de mi padre, había muchos tías y tíos y primos hermanos. Uno de mis primos me apodó «número 9» y a día de hoy yo aún lo llamo «número 5», por el orden de nacimiento de los primos de la familia de mi padre. Pero en la parte de mi madre, crecí con solo una tía, que se casó cuando yo era adolescente. Cuando todavía estaba en el instituto, ella y mi tío tuvieron dos hijas y, claro está, allí estaba mi abuela, Bubbie. Así pues, comparada con la parte de mi padre, la familia de mi madre era muy pequeña. En algún momento durante mis años de instituto empecé a sentir curiosidad por el significado de esta diferencia.

Como la primera nieta de mi abuela, fui muy afortunada de haber pasado mucho tiempo con ella a lo largo de mi vida.

Poco después de que yo naciese en Maryland, mi familia se mudó de vuelta a Canadá (mis padres habían vivido en Montreal antes de mi nacimiento) y nos mudamos al mismo bloque de pisos que mi abuela en Côte-Saint-Luc, Montreal.

Cada día, mi madre y yo nos sentábamos en mi habitación y mirábamos por la ventana mientras esperábamos a que mi abuela volviese de su trabajo como contable. Cuando llegaba a casa, muchas veces me sacaba de nuestro apartamento en la planta baja para subirme al suyo, donde pasábamos el rato juntas, jugando y hablando.

Esto permitía a mis padres pasar algo de tiempo solos cuando mi padre volvía de trabajar. ¡Ahora, como madre de tres niños, puedo apreciar lo importantes que son esos momentos sin tener un bebé correteando! (Como nota aparte, si miras fotos mías de esos primeros años, se ve un notable aumento de peso ¡porque mi abuela aprovechaba este rato para darme galletas que yo disfrutaba un montón!)

Mis hermanas nacieron durante los años siguientes y pronto nos mudamos a una casa en Dollard-Des-Ormeaux, un suburbio de Montreal.

Guardo recuerdos cálidos y maravillosos de esos momentos que pasé con mi abuela. Recuerdo jugar a un juego en el que ella me daba vueltas en su cesta de la ropa de color verde. También hacía muñecas de trapo para mí y mis hermanas, algo que continuó haciendo para mis hijos cuando eran pequeños. También dibujaba gatitos, cosa que más adelante enseñó a hacer a mis hijos.

¿Mi recuerdo favorito? Diría que son las galletas azucaradas que hacía con una receta que había aprendido cuando todavía vivía en Alemania. Si cierro los ojos la veo usando los mismos cortapastas una y otra vez para hacer estas delicias.

En 1976, las elecciones de Quebec eran entre tres partidos políticos. El partido vencedor (*Partie Quebecquoise*, liderado por René

Lévesque) ganó con un 40% de los votos. Eran un partido separatista cuyo objetivo era que Quebec se separase de Canadá y operara como un país independiente. Instauraron una plétora de nuevas normas, muchas de ellas sobre el idioma, cosa que hacía más difícil que los negocios funcionasen. Para llevar a un niño a una escuela de habla inglesa, por ejemplo, por lo menos un padre debía haber asistido a una de esas escuelas.

Por muchos motivos, incluidos los políticos, mis padres se mudaron a Estados Unidos en 1978. Tuvieron que llenar papeles de solicitud y mi tía por parte de padre, que vivía en Nueva York, tuvo que responder por nosotros para que pudiésemos entrar a Estados Unidos. Por lo tanto, a causa de los problemas políticos y económicos en Montreal, mi familia terminó por mudarse a Arizona.

Después de vivir en Arizona durante cinco años, mi madre obtuvo la ciudadanía y rellenó los documentos necesarios para trasladar a mi abuela a Arizona, cosa que finalmente hizo en 1985. Mi padre tenía su propia clínica dental y mi abuela fue a trabajar allí como contable. Siempre vivió cerca, así que pudo pasar con nosotros todas las festividades religiosas, algunas de nuestras vacaciones y otras ocasiones familiares importantes.

Crecer tan cerca de ella fue realmente una bendición, pues me permitió pasar mucho tiempo valioso con ella, conocerla y crear recuerdos fabulosos que a día de hoy todavía me nutren.

Mi abuela era una lectora ávida. Le encantaba leer libros, sobre todo los de James Michener, Leon Uris, Fiódor Dostoyevski. Después de terminar *Guerra y paz* de Leo Tolstói, mi abuela bromeaba con mi madre sobre lo difícil que era pronunciar los largos nombres que se usaban en el libro y que «seguían y seguían».

A Bubbie también le encantaba la música, especialmente la de Johann Strauss y Frédéric Chopin. También disfrutaba de óperas como *La viuda alegre*, *Rigoletto* y *La bohème*. Mi madre me dijo que recordaba que cuando ella era una adolescente, en los años 50, mi abuela le pedía que le enseñase chachachá y swing. ¡Le encantaba bailar!

Con el nacimiento de mis hijos, mi abuela dijo que se le hacía evidente cómo, a pesar de la magnitud inimaginable de su odio y violencia, Hitler había fracasado en erradicar a los judíos del planeta.

La única superviviente de su familia había dado a luz a dos hijas quienes, a su vez, le habían dado cinco nietos. Y después, estos nietos crecieron y tuvieron hijos. Era bisabuela de incluso más seres humanos. Cuando pensaba en ello, estaba claramente conmovida.

No solo yo, mis tres hijos también tuvieron la suerte de pasar gran parte de su infancia con ella. Tuvieron las mismas experiencias: hacer muñecas, dibujar gatitos y comer galletas azucaradas hechas con los mismos moldes que usaba cuando yo era niña.

Cada diciembre íbamos a visitarla por su cumpleaños con un ramo de girasoles, una flor que siempre le recordaba su casa y su jardín de infancia. Cuando corríamos por el pasillo, la veíamos esperándonos frente a la puerta de su apartamento. Mis hijos gritaban: «¡Felicidades, B-Bubbie!» y ella les chistaba con vehemencia porque, aunque su cumpleaños real era en diciembre, todavía usaba su cumpleaños falso (o heredado) en marzo en todos sus documentos. Aunque la Segunda Guerra Mundial hacía tiempo que había terminado, aún se ponía nerviosa por si alguien lo descubría o por si un nazi estaba cerca. Nos hacía gracia ver los panfletos de cumpleaños colgados en los ascensores y las paredes de la residencia donde pasó sus últimos años, que incluían su nombre en la lista de «cumpleaños de marzo» para los residentes de ese mes.

Ocasionalmente, sin embargo, sí que me impacientaba cuando mis hijos se quejaban de «morirse de hambre». Estos incidentes siempre me evocaban recuerdos de las descripciones de mi abuela de cómo, durante la guerra, se veía obligada a pasar días, e incluso semanas, con poca comida o sin ella, y apenas agua.

Sentía como me tensaba mientras les recordaba que definitivamente *no* se estaban «muriendo de hambre» y les contaba como su bisabuela una vez había pasado quince días escondida en un ático sin casi probar bocado y con solo un sorbo de agua estancada para beber. Claro está, se cansaron de esta respuesta y yo intenté recordarles la historia de supervivencia de su bisabuela todas y cada una de las veces que se quejaban de morirse de hambre.

Unos años antes de que mi abuela falleciera, empecé a pensar en la necesidad de reunir toda la poesía y prosa que había escrito. Quería asegurarme de que todo estuviese a salvo para mis hijos y sus hijos y los hijos de sus hijos.

Mientras leía sus escritos, me di cuenta de que había muchos detalles sobre su supervivencia que no había capturado sobre el papel. Con esto en mente, miré la grabación de su entrevista con la fundación Shoá de Steven Spielberg y empecé a conectar esta historia verbal con sus propios escritos.

Como es comprensible, la mayoría de supervivientes lo pasan mal cuando hablan de lo que presenciaron y vivieron. Esto era desde luego el caso de mi abuela. Como he mencionado antes, nunca ofrecía una respuesta sencilla a ninguna de mis preguntas. Así pues, empecé a pasar más tiempo con ella a cada oportunidad que tenía, acompañada por mi portátil, haciéndole preguntas y documentando sus respuestas, en un intento de rellenar los espacios en blanco.

En una de estas ocasiones, mi hijo Zachary y yo fuimos a cenar con ella al pequeño restaurante de su residencia para conseguir más detalles en un tema en particular. Ahora no recuerdo qué tema era, pero sí que recuerdo que, en vez de hablar de ello, decidió explicárnoslo todo sobre los girasoles que crecían sin control en el jardín de su familia cuando era pequeña y como, aún a día de hoy, los girasoles le recordaban su casa de infancia. Para ella, eran un querido símbolo de todo lo bueno antes de la guerra. Fue una digresión de la conversación hermosa y significativa.

Una vez el borrador estuvo listo, mis hijos y yo le llevamos una copia. Recuerdo cuanto se emocionó y lo agradecida que estaba porque *su* historia ahora estaba documentada y preservada para todas las generaciones que vendrían después de ella.

Hay emotivo algo a la vez que increíblemente importante en no olvidar estas historias. Los supervivientes de segunda y tercera generación deben asumir la responsabilidad de mantenerlas con vida.

Gabby, Bubbie, Adena, Sarah y Zachary.

Darme cuenta de esto fue la chispa que me llevó a escribir la primera versión de este libro. Mi abuela falleció dos meses después de recibir su copia. Algunos familiares especularon que continuó viviendo hasta la publicación del libro por lo importante que era para ella «conocer tus raíces».

La última noche que pasó en el hospital antes de que la trasladasen a cuidados paliativos, mis gemelos, Sarah y Zachary, la visitaron. Faltaba aproximadamente una semana para su benei mitzvá. Aunque mi abuela no era una persona particularmente religiosa, les pidió que recitasen sus secciones del Torá, o por lo menos lo que recordasen de memoria. Yo estaba orgullosísima de que se las hubiesen aprendido tan bien. Mientras cantaban en hebreo, cerró los ojos y los escuchó cantar.

No sé qué estaba pensando, pero no cabía duda sobre la serenidad de su expresión. Parecía estar en paz. Quizás se sentía afortunada de poder escuchas las secciones de sus bisnietos, a sabiendas de que era muy poco probable que pudiese asistir al benei mitzvá en persona.

Quizás, escuchar los cánticos hebreos le recordó un tiempo lejano, o quizás sabía que se estaba muriendo y había algo reconfortante en escuchar a sus bisnietos cantar mientras se preparaban para convertirse en bar y bat mitzvá, manteniendo viva la tradición religiosa y cultural de nuestra familia y nuestros antepasados. Desconozco la respuesta, claro está, pero al verla cerrar los ojos y escucharnos a mis hijos y a mí, parecía en paz.

Tres días antes del benei mitzvá de Sarah y Zachary, murió. El viernes después de su muerte, fuimos a su funeral por la mañana, donde cada uno de mis hijos dio un panegírico.

— Hola, soy Sarah Astrowsky— , empezó mi hija— la bisnieta de Mania. Mi bisabuela es muy especial para mí. Es mi heroína, la admiro mucho. De ella aprendí a no rendirme nunca y a seguir luchando. Que ocurra algo no te hace rendirte. Te hace crecer como persona, cosa que nos demostró basado en lo que tuvo que pasar. Cuando supe que había muerto fue realmente desolador. Ahora está en un lugar mejor y puede ver a sus padres, su marido y sus hermanas, a quienes echa mucho de menos. Nos está viendo y se siente muy orgullosa de todos nosotros. Esto me da una sensación especial porque sé que estará a mi lado, incluso en los momentos difíciles. ¡Te quiero mucho, B-Bubbie, soy muy afortunada de haber tenido el privilegio de conocerte, porque en serio que eres mi heroína!

Mi otra hija continuó: — Soy Gabbie, la bisnieta de B-Bubbie. Cuando pienso en la palabra «B-Bubbie», lo primero que me viene a la mente es fortaleza, esperanza, amor y belleza. Fortaleza por todos los momentos difíciles que tuvo que pasar. Esperanza por creer en la bondad y en las cosas buenas que llegarían. Amor por los que la ayudaron. Y la belleza no está solo por fuera, también está dentro, y su belleza interior brillaba todo el rato. La echo mucho de menos, pero ahora está en el cielo con el resto de su familia, con Dios a su lado. Que su recuerdo sea una bendición. Siempre recordaré todas las canciones y lecciones que aprendí de ella. Te quiero, B-Bubbie.

No he podido encontrar el panegírico de mi hijo Zachary, pero escribió esta hermosa dedicatoria: «Mi bisabuela, más conocida como B-Bubbie, siempre repartía amor sin importar su pérdida de visión o haber vivido los peores tiempos imaginables. Literalmente, vivió un infierno. Lo que a día de hoy aún me parece increíble es ¿qué habría pasado si no hubiese sobrevivido al Holocausto? Yo no estaría vivo y este libro no se habría escrito. Sin embargo, lo más importante es que tantas otras vidas no se habrían visto impactadas por su amor.

» Mi bisabuela conmovió a mucha gente en momentos de terror y felicidad. Cada vez que la visitaba, se le iluminaba la cara, aunque cuando se hizo mayor, no tuviese ni idea de cuál era mi aspecto. Si me pongo en su lugar, no puedo imaginar cómo sería la vida si solo viese oscuridad, pero esto es lo que hace tan especial a mi bisabuela. Esperaba mis visitas pacientemente y disfrutaba de hablar conmigo y hacerme sonreír.

» Mi B-Bubbie nos dio a mi familia y a mí la oportunidad de impactar a los demás, y esto es por lo que nunca la voy a dejar de querer. Aunque ya no esté, sus historias y su vida siguen vivas a través de su familia y sus descendientes. Respiro y camino entre los demás gracias a ella.

» Me destroza saber que no puedo decirle lo agradecido que estoy, pero creo que siempre ha sabido que mi amor era apabullante.

Aunque la conocía como la bisabuela que me pellizcaba las mejillas y me cantaba nanas, incluso cuando estaba en secundaria no sabía la mujer tan fuerte que era.

» Mi bisabuela me hizo darme cuenta de que debemos amar siempre porque no hemos nacido para odiar y, por esto, intentaré esparcir alegría todo lo que pueda. Espero que supiese que su vida ha dado sentido a mi mundo y al de todos los demás».

Yo también hablé, terminando mi panegírico:— Me rompe el corazón y es devastador saber que ya no está con nosotros, pero luego recuerdo que no ha visto a sus padres y sus hermanas en 27 225 días y me reconforta saber que está descansando en paz con ellos. Que su recuerdo sea una bendición.

Esta es una foto de las piedras que mis hijos dejaron en su tumba después del funeral. Gabby hizo un dibujo de un gatito que mi abuela le había enseñado a dibujar. Sarah citó la canción de Phil Collins *You'll be in my heart* (Estarás en mi corazón) que escribió para la película *Tarzán*. Dibujó unos corazones y escribió «Te quiero» en la parte de atrás de la piedra. Zachary decidió dejar su piedra sin nada porque, según su punto de vista, las rocas simbolizan paz y aventura porque van de un lugar a otro, y no quería pintar la bonita piedra que había escogido.

Esa noche encendimos las velas del *Sabbat* en el templo para celebrar el benei mitzvá de los gemelos. El rabino Linder habló de cómo, en el judaísmo, la necesidad de celebrar la vida a través de un acontecimiento como el bar o el bat mitzvá coge prioridad ante el duelo de los muertos. Francamente, fue uno de los momentos más difíciles, emocionalmente, de mi vida.

Después del servicio de *Sabbat* de viernes noche, hicimos una cena en casa para nuestros amigos y familiares de fuera de la ciudad, donde Sarah y Zachary abrieron una cápsula del tiempo que yo había preparado en mi *baby shower* cuando estaba embarazada con ellos.

Lo último que sacaron de la cápsula del tiempo fue una carta de mi abuela en la que había escrito:

Adena, Brad y las nuevas incorporaciones,
parece que hace mucho de 2003,
Hubo deseos, esperanzas y plegarias
y tocamos madera en mi mesa.
Un año de grandes expectativas,
decoraciones rosas y azules.
Sed sanos, felices y buenos,
¡Fieles a nuestras expectativas!

Con amor, la bisabuela Bubbie.

Era surrealista que esto, que fue la última vez que se comunicó con nosotros, sucediese solo dos días después de haber fallecido. Aunque tenía la intención de que sus bisnietos la llamasen «Bis-Bubbie», de bisabuela Bubbie, cuando los niños empezaron a hablar se les ocurrió el nombre «B-Bubbie» y se quedó con el mote.

Al escribir esto muchos años después, aún me resulta muy difícil creer que ya no está con nosotros. La necesidad de mi abuela de que conociésemos nuestras raíces, sin embargo, todavía resuena de forma alta y sincera a día de hoy, pues todavía hay gente a la que discriminan y persiguen solo por ser quienes son.

Al conocer nuestras raíces y recordar la historia, mi deseo es que todos pongamos de nuestra parte para conseguir la paz y prevenir futuros genocidios.

Adena y su abuela. La foto es del 4 de febrero de 2017, aproximadamente un mes antes de que falleciese.

2

EL MUNDO QUE CONOCÍ

El mundo que conocí

Pienso en el mundo que una vez existió
Y que casi en un instante se desvaneció
Éramos niños en hogares amorosos, bien cuidados,
Y tan felices como pueden ser los niños.
Jugábamos sobre todo afuera, verano o invierno,
Inventábamos nuestros juegos simples,
No teníamos los juegos modernos de hoy,
Y estábamos mucho más satisfechos que los niños de hoy.
Hasta que... un fantasma, una malvada pesadilla,
Cayó sobre nuestro pequeño mundo,
Lo destrozó, lo hizo pedazos, arrancó las raíces,
Y lo enterró en dos fosas comunes.
Lo recuerdo y echo de menos con tristeza.

Mania Lichtenstein, 26 de octubre de 2006

Mi abuela adoraba a sus hermanas e intentaba emularlas siempre que podía. Si una de ellas leía un libro, ella tenía que leer el mismo. Decía que descubrió que los libros (y las películas) «me abrían una puerta a un mundo encantado». Añadía que muchos de sus amigos no podían permitirse un lujo como ver una película. Así pues, cuando veía una, cosa que no ocurría a menudo, toda la clase la rodeaba al día siguiente y le preguntaba cosas. Escribió: «Embelleciendo e improvisando, les contaba la historia».

Genia Seifert, una de las amigas de infancia de mi abuela, me la describió como «un encanto» y «una buena persona».

Mi abuela creía que una de las cosas que contribuían a su timidez era el hermano de su madre, que siempre la bombardeaba con preguntas y ponía su intelecto a prueba. Aunque quizás conocía las respuestas, se sentía inútil y muchas veces estaba demasiado paralizada como para responderle.

«Tuvo un impacto dañino en mi vida, en paz descanse», escribió años después. «Quería verme fracasar».

El comportamiento cruel de su tío por desgracia tuvo un efecto negativo en mi abuela que duraría mucho tiempo. Con el tiempo, gracias a Dios, lo superó y llegó a darse cuenta de que era más lista de lo que él quería que creyese.

El padre de Mania era Gershon Tisch, pero sus hijas lo conocían simplemente como «papá». Como otros hombres en esos tiempos, no era dado a mostrar emoción ni a compartir sus pensamientos, pero para mi abuela sus acciones decían más que sus palabras. Sentía su amor a través de su sonrisa cuando hacía algo divertido o tonto.

Gershon y Katya

Gershon era el propietario de una farmacia y Bubbie lo consideraba un padre típico. Cada día iba y volvía del trabajo en bicicleta (nadie tenía coche por ese entonces) y Bubbie recordaba con cariño encontrarse frecuentemente con papá en la esquina de una calle cerca de una iglesia gótica cuando volvía a casa del trabajo. Desde allí, iban a comprar dulces a la tienda de la esquina, y él le regalaba una chuchería o algo de chocolate. Era la hermana pequeña, «una mocosa», decía ella, y aun así siempre sintió que era especial para sus padres.

Bubbie describía a su padre como un hombre bien afeitado y delgado que fumaba cigarrillos y no era muy alto. Comparado con los judíos jasídicos que iban con sombrero negro, abrigo negro y *tzitzit* (flecos con nudos rituales, que los judíos ortodoxos llevan como ropa interior), Bubbie lo recordaba más bien moderno.

De hecho, su padre era muy moderno para su época. Llevaba bombín y traje al trabajo y, en invierno, un elegante abrigo. En casa, hablaba yidis o polaco y, aunque no era demasiado afectuoso con sus hijas, su sonrisa y su atención hacia las payasadas de Bubbie lo decían todo sobre su amor por ella.

Mientras investigaba para el libro, una mujer de Yad Vashem, el memorial de Israel para los afectados por el Holocausto, me puso en contacto con Genia Seifert. A través de Shira Gafni, una de mis amigas de la universidad, pude comunicarme con Genia y descubrí que ella y Bubbie eran amigas de la escuela.

Además, Yosef, el padre de Genia, era un buen amigo de Greshon, quien consideraban que sabía mucho de medicina. Una vez, un perro mordió a Genia y, en vez de llevarla a que Gershon la viera, él fue donde estaba para tratarla.

La madre de Mania se llamaba Gitel (en yidis) o Gitla (en polaco), pero prefería que la llamasen por su nombre ruso, Katya. Sus hijas la llamaban *mamuniu*, que es yidis para «madre».

Se describía a sí misma como una típica madre judía dedicada en cuerpo y alma. Bubbie me explicó que su madre se quedaba en casa para criar a sus hijas. Era muy cariñosa y estaba muy orgullosa de ellas, que siempre iban primeras en su mundo. Sin embargo, Bubbie admitió que, de pequeña, no apreciaba del todo las buenas intenciones de su madre o su naturaleza cariñosa. No fue hasta mucho más tarde que empezó a considerar a su *mamuniu* una verdadera heroína,

A Bubbie se le llenaban los ojos de lágrimas mientras hablaba de su madre conmigo. Cada día pedía el perdón de su madre por no agradecer su verdadera bondad. Después, cuando nuestra conversación continuó, su estado de ánimo se relajó mientras contaba una historia de su infancia sobre la hornada semanal de jueves por la noche para prepararse para el *Sabbat*.

Bubbie tenía que irse temprano a la cama las noches de escuela y los jueves no eran una excepción, pero era golosa y siempre pedía quedarse un rato despierta para las galletas y tartas que pronto saldrían del horno. Claro está, no estarían listas hasta mucho después de su hora de acostarse, así que su madre le decía a Bubbie que se fuese a la cama y le prometía que la despertaría tan pronto como los dulces estuviesen listos. Pero nunca ocurría.

Cada viernes por la mañana, Bubbie se levantaba y le chillaba a su madre, demandando saber por qué no la había despertado. Y cada viernes por la mañana, su madre tenía una excusa nueva.

Bubbie, por cierto, era experta en pasar de recuerdos personales a datos que ayudaban a darles contexto a medida que hablábamos. Así pues, en esta ocasión, sin detenerse ni un momento, empezó a explicarme que las familias lo horneaban todo menos el pan. Para este, dijo, había un panadero local que hacía pan como antaño y la gente prefería comprar su delicioso pan de centeno.

Los jueves, su madre siempre iba a la tienda a comprar cosas de lujo, como queso. Muchas familias mantenían el *kosher* en sus casas, lo que significaba que no comían lácteos y carne juntos: algunas familias incluso usaban una vajilla distinta para los lácteos y para las comidas, incluida la carne.

Según la ley judía, hay tres elementos básicos para mantener el *kosher*: 1) evitar animales que no son *kosher* (pescado sin aletas ni escamas, animales terrestres que no rumien y tengan pezuñas partidas y la mayoría de las aves), 2) evitar comer carne y lácteos juntos y 3) solo comer carne sacrificada de una forma concreta y con la sangre drenada.

Para mi abuela, todas las comidas durante la semana incluían carne menos los jueves, cuando comían lácteos en su lugar. Para la comida con lácteos, comían *pierogis* rellenos de arándanos y crema agria, sopa a base de leche y pudín, que en ese entonces era una comida nueva.

Entonces, Bubbie dio un nuevo giro a la conversación y empezó a describir a su madre como una mujer moderna, estilosa y elegante que se preocupaba por su aspecto. Aunque era una madre típica comparada con las otras de la época, Katya era distinta en muchos aspectos. Tenía muchos sombreros y zapatos de tacón alto que mi abuela se probaba para hacer de modelo cuando se quedaba sola en casa. Bubbie escribió: «Mi reflejo en el espejo me complacía mucho».

A la madre de Bubbie le importaba el hogar familiar, insistía que debían volver a tapizar sus muebles heredados para que por lo menos pareciesen nuevos y modernos. También le encantaba bailar, le enseñaba a Bubbie distintos pasos en la cocina.

Maravillosamente, mientras hablábamos Bubbie recordaba todos los pasos de baile y las melodías y canciones que le gustaban a su madre. Bubbie también habló del orgullo que sentía por su madre, el tipo de orgullo que gana uno al ver a un progenitor desde la distancia, ya más como persona que como padre.

Las mujeres de la generación de su madre normalmente no trabajaban fuera del hogar, pero Katya era una excepción y trabajaba en una farmacia antes de casarse. Le gustaba el prestigio que venía de trabajar allí, donde aprendía a leer y a interpretar la letra del médico en las recetas.

Muchos de los adultos cristianos en ese momento eran analfabetos. Los hombres judíos, sin embargo, debían aprender a leer antes de los trece años para poder celebrar su bar mitzvá. Durante esta época, un número creciente de mujeres judías también estaban aprendiendo a leer, como Katya, que era una de las líderes de este movimiento para más educación. Ayudaba a los pacientes que no podían leer lo que sus médicos habían recetado y se lo explicaba.

Gershon y Gitel «Katya» Tisch

Bubbie tenía dos hermanas mayores. «Tener hermanas te hace importante y te hace pertenecer a un lugar» me dijo.

Rivka era la mayor, le sacaba más de ocho años a Mania. Era el ídolo de Bubbie, su «brillante estrella» e intentaba imitarla siempre que podía. Bubbie recordaba a Rivka como un miembro de la élite de la ciudad. Terminó el equivalente del instituto, conocido como *gymnasium* en Polonia, donde hizo clases de lengua en latín, inglés, francés, ucraniano y polaco, además de historia antigua. En vez de esperar a un príncipe azul al terminar la escuela, como hacían la mayoría de las chicas en esa época, Rivka se marchó a la ciudad cercana de Leópolis para encontrar trabajo como profesora. Cuando le dijeron que no había oportunidades allí, fue a una escuela de empresa allí y estudió para ser contable.

Rivka volvió a casa después de graduarse. Parte del orgullo de la madre de Bubbie era que Rivka, mientras estudiaba sola, también había aprendido las tareas del hogar y ahora sabía hacer tortitas.

Sorprendentemente, porque a las chicas no se les daba prioridad ante los chicos para emplearlas, Rivka consiguió trabajo en una empresa polaca relacionada con la industria farmacéutica. El propietario alababa a Rivka con frecuencia y le decía que estaba haciendo un buen trabajo.

Mi querida hermana Rivka

La idolatraba más de lo que las palabras pueden explicar. A los veintisiete, en un instante, ella junto con el resto de la familia, se marcharon de mi vida. Durante muchos años, intenté no pensar en los que se habían ido. Era más fácil no hacerlo.

Tantas veces, cuando me venía a la mente, apartaba el pensamiento concienzudamente. Pensar en ella era doloroso, así que me di a mí misma un alivio temporal.

Hoy es el Sabbat hagadol, *el* Sabbat *antes del Séder de Pésaj, el día en que ella nació. Celebrábamos su cumpleaños el 14 de abril.*

En esa época no era común celebrar el cumpleaños, solo se hacía algo con la familia. Pero era distinto en el caso de Rivka. En retrospectiva, creo que entiendo el porqué.

Como una debutante, al ser la hija mayor, debía ser presentada en sociedad. Se convirtió en un asunto anual. Era muy emocionante ver a sus amigos llegar. Eran los jóvenes más elegantes y cultos, la élite de la juventud de la ciudad. Mi madre se relamía cuando cada jovencito la saludaba con un «madame Tysz», le hacían una reverencia y le besaban la mano, que era la costumbre entonces. Le encantaba la pompa.

Rivka era mi mentora, mi ídolo y yo deseaba ser como ella. También sentía claramente su amor por mí. Una vez teníamos que escribir una redacción para el colegio y yo decidí escribirla sobre ella y lo que significaba para mí. La titulé «Gwiazda Przewodnia» o «mi estrella guía». Fue la mejor redacción de la clase, pues la escribí con el corazón.

Desde 1939 hasta 1941, los rusos ocuparon nuestra parte de Polonia. Durante esa época, se casó con Munia Szafir. Su felicidad no duró mucho.

Hitler amenazaba la paz de Europa y los rusos se movilizaron. Siete meses después de su boda, él se alistó. Ella estaba destrozada. Era un caos al principio de la guerra. Algunos consiguieron desertar y volver a casa.

Durante días aguardé con ella en la esquina de la calle, mirando al horizonte, en caso de que él también apareciese. No sucedió. En 1941, Hitler nos invadió otra vez y nos absolvió de todas las preocupaciones de la vida.

Mi querida hermana, siempre te querré y siempre serás mi estrella guía. Hoy es el Sabbat hagadol. *Feliz cumpleaños.* Mania Lichtenstein, 15 de abril de 2000

Nechamka era la hermana del medio y era la compañera de juegos y mejor amiga de Bubbie. Solo se llevaban algo más de dos años, siempre estaban juntas y Bubbie no recordaban que peleasen nunca.

Describió a Nechamka como un alma buena y siempre totalmente abnegada: la más callada, introvertida y seria de la pareja, con la cara redonda y pelo rizado.

Nechamka era una lectora ávida y lista en la escuela, y le enseñó a Bubbie asignaturas más avanzadas, como conjugar los verbos en latín e inglés, y le hizo tutorías para sus exámenes de ingreso al *gymnasium*.

Nechamka justo había terminado sus estudios en el *gymnasium* cuando los alemanes atacaron su ciudad en 1941.

El 5 de junio era el cumpleaños de Nechamka. Su nombre en hebreo significa «das tu corazón» o «ser buena». Bubbie la llamaba Chamka y se refería a ella como «un ángel de la guarda, siempre cuidándome».

3
NECHAMKA

Mi hermana, mi compañera de juegos

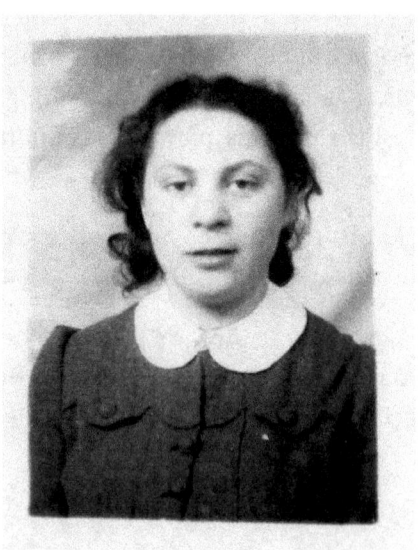

Nechamka

Hoy es el día 19 de Elul y la luz titilante de la vela de yahrzeit *hace que surjan muchos recuerdos. Este* yahrzeit *es para toda mi familia, además de para los 19 000 que fueron asesinados ese día. Por algún motivo, hoy pienso sobre todo en ti, Nechamka, mi hermana y compañera de juegos.*

Mis pensamientos me llevan de vuelta a nuestra infancia y a como jugábamos juntas. Tú solo eras dos años y medio mayor que yo, y siempre me tenías detrás tuyo.

Uno de nuestros lugares favoritos para jugar era el cobertizo de afuera, una enorme estructura de madera donde se guardaban todo tipo de cosas. Lo que me viene a la mente más vívidamente es mi trineo hecho a medida, mi posesión más preciada. Colgado a lo alto de la pared del cobertizo, esperaba pacientemente al invierno para darnos diversión a montones. ¡Qué velozmente nos bajaba de todas las colinas del vecindario! Lo que para mí era el trineo, para ti lo era tu pequeña pelota en una red multicolor. No te tomabas ni una foto sin ella.

Según los estándares de hoy, teníamos muy poco, pero nos parecía que teníamos un montón. Éramos felices y nunca nos aburríamos. Los otros objetos en ese cobertizo que me vienen a la mente son las herramientas de nuestro padre para cuidar del jardín. Era su hobby favorito.

Qué satisfactorio era cuando el jardín cobraba vida y todo florecía, los tres cerezos cubiertos de flores rosas y las caras doradas de los girasoles, altos y brillantes, parecían centinelas, vigilando el lugar. A día de hoy, incluso una foto de un girasol hace que se me llenen los ojos de lágrimas.

La infancia... A veces intento recuperarla en mis pensamientos. Hoy pienso mucho en ti, Nechamka, mi compañera de juegos. Qué bonito habría sido tenerte todos estos años. Pero a los veintidós te fuiste junto con todos los demás. Que descanséis todos en paz. Mania Lichtenstein, 1999

Momentos divertidos

El día diecinueve de Elul fue el 61 yahrzeit para mi familia. Normalmente es un día de sentimientos tristes y, de alguna forma, el pasado se hace más vívido que el presente. Aunque no estaba contenta, he sonreído al recordar ciertos incidentes.

Nechamka tenía seis o siete años y yo cuatro o cinco. Un abrasador día de julio, nuestra madre nos mandó a comprar mantequilla. Nos la dieron sin siquiera la protección de una bolsa de papel. Bueno, pues nos tomamos nuestro tiempo para volver a casa. Reímos y jugamos todo el camino hasta que nos dimos cuenta de que la mantequilla había desaparecido. La lamimos para evitar que nos chorrease encima, pero fue en vano: teníamos el pelo, la cara y la ropa llenas de mantequilla.

Volvimos a casa resignadas, esperando lo peor. No recibimos ningún castigo: ¡qué alivio fue eso! Evidentemente, la imagen que dábamos era divertidísima. Hubo muchas risas y ni un momento para el enfado.

Otra tragicomedia que me ha traído una sonrisa sucedió un día de verano. Debíamos de tener unos cinco y siete años. Pasábamos los días de vacaciones de verano sobre todo en nuestro hermoso río. Hacíamos pícnics en la hierba verde debajo de viejos árboles y nos paseábamos por la orilla del río.

Un día, debía de ser un viernes, pues nuestro refrigerio eran panecillos de cebolla que nuestra madre justo había horneado la noche anterior, Nechamka tuvo un accidente. Aunque jugábamos en la parte poco profunda, ella patinó y empezó a ahogarse. La sacaron del agua, hubo una gran conmoción. Estaba obviamente muy asustada, gritaba espasmódicamente.

Mientras seguía llorando, sacó un panecillo de cebolla y empezó a mordisquearlo vigorosamente. Su cara y el panecillo estaban llenos de lágrimas. A pesar del trauma, esa escena me pareció muy graciosa. Pobre, nunca dejé de hacerle bromas sobre ello.

Ahora, en retrospectiva, me doy cuenta del alma tan amable y buena que era. No recuerdo que se pelease conmigo nunca. Siempre cuidaba de su hermanita mimada. Dulce y buena Nechamka... se fue a los veintidós años. Mania Lichtenstein, 24 de septiembre de 2003

4

FAMILIA

Gitel, Bubbie, Rivka, Nechamka, y Gershon.

Bubbie tenía un hermano que murió a los tiernos cinco años, antes de que ella naciese. Se llamaba Meyer. Más adelante se descubrió que había muerto de un vólvulo intestinal. Cuando murió, hacer el *kadish*, conocido como la plegaria del doliente, era especialmente importante porque Meyer era un niño.

La preferencia hacia los niños tiene raíces profundas en muchas culturas, incluido el judaísmo, que durante mucho tiempo ha considerado más valiosos a los niños que a las niñas. Por suerte, esto ha cambiado en la era moderna, pero en la época de la muerte de Meyer este aún era el caso en su familia.

Meyer y Rivka, 1918.

Bubbie no guardaba ningún recuerdo de su abuela materna, pero sí que conocía bien a la paterna, Henie Felge. Henie vivía con su hijo, el tío de Bubbie.

Bubbie recordaba a su abuela como una señora formal, siempre un poco retraída y que se quedaba en la esquina de su cuarto. Mi abuela nunca la escuchó discutir o enfadarse. Era ciega, por causas que siempre fueron desconocidas. Bubbie también se quedó ciega a su avanzada edad, lo que en su caso supimos que era por degeneración macular aguda. Esta enfermedad se considera hereditaria y probablemente también fue la causa de la ceguera de Henie.

Henie Felge

Una vez al mes, Bubbie se llevaba a su abuela a darse un baño ritual judío llamado *mikve*. La ley judía requiere que uno se sumerja en una *mikve* como parte del proceso de conversión al judaísmo. También se les exigía a las mujeres antes de casarse y al observar las leyes respecto a la pureza menstrual.

Una *mikve* consiste en una piscina de agua, parte de la cual muchas veces viene de un manantial o de pozos de agua subterránea, en la que las mujeres casadas judías que observan deben bañarse mensualmente, concretamente siete días después de que termine su ciclo menstrual.

Era el trabajo de Bubbie porque era la más joven y la que tenía más tiempo para hacerlo. Se sentía bien al saber que podía ayudar de alguna forma a su abuela. Este ritual afianzó su vínculo. Henie Felge murió en el Holocausto a la edad de 72 años.

Mi abuela materna

Se llamaba Henie Felge. Su recuerdo trae dolor y nostalgia. Yo veneraba, respetaba y quería a esa señora ciega y callada. Vivía con su hijo y su esposa y sus dos hijos. Aunque nunca presencié disputas ni desacuerdos, imagino que una situación así podía ser muy tensa.

La casa era pequeña y sencilla. Ella sabía apartarse del camino de los demás, al ser una señora tan sabia y correcta. Su cama estaba en una esquina del cuarto y ella se quedaba allí normalmente. Cuando yo era pequeña, iba muchas veces a su casa a jugar con mi prima Rozele. Era dos años menor que yo. Una niña tranquila y frágil, murió como todos los demás. Se me rompe el corazón cuando pienso en ella.

No era consciente de lo poco que veía mi abuela, pero siempre reconocía cuando entraba yo. Yo le gustaba, y le hacía feliz cuando la visitaba. Muchas veces jugábamos a nuestro juego habitual.

Yo le preguntaba: «Bubbie, ¿cuántos años tienen tus zapatos?» y después de dudar un segundo, como si contase los años, respondía: «¡Veinte años!». Entonces, le preguntaba cuántos años tenía su jersey y decía: «Catorce años», y así seguíamos con cada pieza que llevaba. Siendo pequeña, tal cantidad de años era inconcebible.

Aún recuerdo esos bonitos zapatos beis y el cárdigan beis también. Era muy pulcra y su ropa parecía nueva. Ojalá saber más sobre ella. No se salvó nadie que podría contarme cosas. Todo lo que sé es lo que percibí a través de mis ojos de niña.

En su mundo pequeño y oscuro, parecía que se las apañaba, menos cuando necesitaba que la llevasen al médico, a la mikve *y a cenar a nuestra casa los viernes por la noche. Esta era mi labor.*

Me sentía muy bien al saber que le era de ayuda. Ahora que casi he perdido la vista, la entiendo incluso mejor e imagino como se debía de sentir. Al no tener cosas materiales que ofrecer, nos dio a los niños mucho amor y bondad. Siempre veneraré su recuerdo.

A los 72 años, ella y a toda mi familia fueron erradicados del mundo de Hitler.

¡Bubbie, te quería, y lo sigo haciendo! - Mania Lichtenstein, 2 de marzo de 2004

Los abuelos paternos de Bubbie vivían en otra ciudad llamada Lutsk. Una vez al año, el padre de Bubbie la despertaba al alba para coger el tren (una gran novedad en ese momento) para visitar a sus padres. Ella se refería a esos viajes como «lo más emocionante del mundo».

Nunca entendió por qué su padre solo la llevaba a ella y no a sus hermanas, pero como dijo, «nunca lo sabrá». Sus abuelos paternos también murieron a manos de los nazis.

5

VIDA EN POLONIA

Bubbie describía su ciudad natal, Volodímir, como una ciudad mediana bastante cultural para su época, pues tenía cines, salones de baile y teatros. Su descripción me recordaba a un *shtetl*, que es una ciudad pequeña consistente sobre todo en judíos. «Shtetl» es una palabra yidis que significa «ciudad» y se refiere a «pequeñas poblaciones de Europa del este de antes de la Segunda Guerra Mundial con una importante población de habla yidis».[1]

Volodímir tenía dos *gymnasiums*, siete escuelas primarias y una nueva escuela de agricultura, a la que asistían sobre todo chicos. La mayoría de las personas se juntaban con los de su misma etnia. Como consecuencia, en el barrio de Bubbie solo vivían judíos y eran la mayoría (unos 26 000) de la ciudad.

Aunque a los judíos no se les permitía poseer tierras ni propiedades antes de la época de Bubbie, poco a poco empezaron a asentarse y a multiplicarse, con números que los polacos no podían parar. Empezaron a establecer tiendas y hogares y se quedaron donde fuese que les permitían, pues lo que consideraban su hogar, Israel (como estado, territorio o incluso como un pedazo de tierra), aún no había nacido y existía solo como un sueño, una tierra natal a la que volver.

Es importante subrayar que las últimas palabras del Séder de Pesaj tradicional son «el año que viene en Jerusalén». Esta frase, que concluye el Séder, tiene un significado importante y emocionante porque sirve como recordatorio del sufrimiento pasado y presente y de la esperanza de libertad en el futuro. En el pasado, antes de la Segunda Guerra Mundial, decir «el año que viene en Jerusalén» era solo una idea para que los judíos tuviesen un hogar al que volver. Cuando crearon Israel, se convirtió en una posibilidad real.

El dinero no se gastaba libremente y la mayoría de la gente heredaba sus casas. Por lo tanto, la emigración de Polonia era mínima. La mayoría de la gente tenía oficios vocacionales basados en habilidades que iban desarrollando, en vez de trabajos profesionales que requerían educación superior. Los judíos se encargaban de muchos trabajos, incluidos zapatero, sastre, panadero, etc.

Bubbie recordaba que la primera parte de su infancia fue en general muy buena. Aunque no tratasen a los judíos como iguales y el antisemitismo fuese común, ella y sus amigas no se quejaban. En su lugar, se juntaban entre ellas y evitaban el conflicto todo lo posible.

Las niñas judías iban a una escuela y las cristianas a otra, así como los niños judíos iban a una escuela y los cristianos a otra. En la escuela primaria a la que iba Bubbie, una valla dividía la escuela de niñas judías de la de niños cristianos. Recordaba como los niños cristianos les escupían, les tiraban latas y les insultaban. Ellas no se chivaron a nadie porque no habría servido para nada. Tristemente, este tipo de comportamiento era socialmente aceptado y permitido.

Bubbie me dijo que otros niños les tiraban piedras a ella y a sus amigas. Describía a los niños del vecindario polaco como «nada amables y muy intimidantes». Los niños judíos estaban tan acostumbrados a este abuso verbal y físico como era posible y hacían lo posible para evitarlo.

La escuela de niñas a la que iba Bubbie (2001)

Bubbie pasaba los días jugando con sus amigas. Eran todas muy pobres, así que pasaban el rato en las casas de las otras o jugando fuera cuando hacía buen tiempo. A su propia familia le gustaba leer y tenían una serie de libros que Bubbie me describió como parecidos a los *Little Golden Books* de ahora.[2]

Durante el invierno, salían a patinar. Usaban un trozo de cartón para hacer una especie de trineo y se turnaban para bajar las colinas cubiertas de nieve. Recordaba una tarde cuando su padre la llevó a ver a un conocido de la familia, que había hecho un trineo solo para ella.

Durante todo el verano, Bubbie esperaba impacientemente a que llegase el invierno solo para poder usar su trineo que le habían hecho especialmente. Todo el mundo la envidiaba mientras se deslizaban por las colinas en sus trozos de cartón.

Casi cada día de los meses de verano, durante sus vacaciones escolares de uno o dos meses, visitaban un hermoso río cercano. Los viernes, se llevaban la comida, que normalmente eran panecillos de cebolla y otras cosas que su madre había horneado la noche anterior.

A la familia de Bubbie no le sobraba el dinero, así que no viajaban mucho, pues necesitaban ahorrar para gastos más importantes. Sobre todo, se sentían cómodos donde vivían y preferirían no arriesgar su paz al viajar.

Como el dinero siempre iba justo, las niñas jugaban casi siempre con juguetes más bien simples, como pelotas. Cualquier juguete que tuviesen era valioso para ellos. Bubbie recordaba que Nechamka un año recibió un juguete nuevo que consistía en una pelotita que rebotaba y una red. También recordaba que este juguete salió en una foto de familia. Era algo de lo que Nechamka estaba tan orgullosa que hacía un gran esfuerzo para mantenerlo bien cuidado.

También creaban juegos para entretenerse. Bubbie jugaba muchas veces a un juego de «inteligencia» con sus hermanas en el que cogían la palabra en polaco más larga que se les ocurría y competían para ver quién podía pensar en más palabras derivadas.

Bubbie nunca tuvo una muñeca de una tienda, en su lugar simplemente hacía muñecas de trapo, cosa que siguió haciendo para mis hermanas y para mí cuando éramos pequeñas. También hizo muñecas con nuestras mantas de bebé.

A pesar de que nosotros la consideraríamos austera, Bubbie pensaba que su casa de infancia era muy bonita, especialmente comparada con otras casas del vecindario. Tenía una cocina, un estudio, varias habitaciones (no recordaba cuántas), una sala de estar con un escritorio y una lámpara verde y un salón que usaban en ocasiones especiales y que estaba prohibido para las niñas. Hacían los deberes en la habitación con el escritorio y la lámpara verde. Ella compartía habitación con Nechamka y dormía en una cama corta y ancha hecha de hierro forjado. Una vez se golpeó la cabeza con el cabezal mientras saltaba en la cama, y le quedó una cicatriz en la frente.

La comunidad judía tenía un cine que estaba en la calle Farna, donde Bubbie vio algunas películas de Hollywood. También había artistas itinerantes judíos o compañías de teatro que visitaban la ciudad y hacían espectáculos en el teatro. A Bubbie le parecía que las actuaciones eran buenas, pero recuerda que su madre las disfrutaba especialmente y nunca se las perdía.

Después de cenar, las mujeres se vestían con tacones y sombreros y se paseaban por la calle para lucir sus atuendos y ver qué llevaba la otra gente. A sus hermanas no les interesaba, pero Bubbie siempre acompañaba a su madre.

A veces venían cantantes famosos de lugares como Varsovia y cantaban canciones judías, como *Tum Balalaika*. Mi madre aprendió esta canción por Bubbie y después me la cantaba a mí cuando yo era pequeña.

Solo había una sinagoga en la ciudad. Como la sinagoga estaba lejos de muchas de las casas de los judíos, la comunidad tenía una red de casas y pensiones por toda la ciudad abiertas a visitantes. Era necesario para que los judíos pudiesen atender a los servicios religiosos si necesitaban rezar con frecuencia, como en el *yizkor*.[3]

La sinagoga se consideraba el corazón de la ciudad y la dirigía el rabino Yaakov David Morgenstern, en quien la comunidad pensaba como un líder. La amiga de mi abuela, Genia Seifert, dijo que creía que la sinagoga sobrevivió a la guerra pero que no estaba segura.

Quizás lo que hacía sonreír más a Bubbie era describir el hermoso jardín de al lado de su casa, donde su familia plantaba girasoles, maíz, pepinillos, rábanos, chalotas y cebolletas, además de cerezos y manzanos. También tenían flores autóctonas de su tierra, llamadas «gozólziki» en polaco, plantadas en las ventanas, que traían un aroma perfumado, además de claveles coloridos y vivos.

También había un parque en la comunidad. Los árboles eran viejos, grandes y hermosos. Había bancos para sentarse y caminos. Todas las celebraciones importantes tenían lugar en el parque y Bubbie y sus amigas pasaban mucho de su tiempo libre allí.

Volodímir, foto del 2001.

Cada año, el 11 de noviembre, los niños iban con su escuela a visitar el monumento de un soldado desconocido. Mi abuela recordaba los edificios oficiales que rodeaban el exterior del parque, pero también había amplias zonas llenas de hierba y flores que le encantaba mirar.

Nuestro jardín mágico

*Había una vez un lugar mágico,
a través de mis ojos de niña, lo más ideal,
donde, a principios de primavera, el sol cálido
aún puedo sentir en mi faz.
Nunca tuve un sueño profundo,
el canto de los pájaros me despertaba,
su sonido rapsódico me decía
que estar allí a ellos también les gustaba.
Aún siento el aroma
que emanaba del arcoíris de colores,
lo observaba como una madre y su bebé,
desde los primeros brotes hasta que se abrían las flores.
Ese lugar mágico era nuestro jardín,
el Edén que jamás olvidaré
y nunca, nunca más lo volveré a ver*

excepto con los ojos de mi mente.

Mania Lichtenstein, 1 de marzo del 2000

La madre de Bubbie mantenía un hogar *kosher*, pero su padre no observaba las normas estrictamente fuera de casa. También observaban todas las festividades judías.

Cada *Sabbat*, su madre preparaba comida judía tradicional, como pescado *gefilte* y pan jalá. Bubbie recordaba celebrar el Pésaj con su familia cada primavera. La fiesta empieza con el Séder tradicional, un festín ritual en el que los participantes cuentan la historia de como liberaron a los israelís de la esclavitud en el antiguo Egipto. Puede llevar muchas horas contar toda la historia con el hagadá, un libro de textos judío que explica el orden del Séder de Pesaj.

Bubbie recordaba como su familia discutía sobre la Biblia y los Diez Mandamientos. Rivka llevaba la batuta en muchas de esas discusiones porque tenía muchos conocimientos que compartir con su familia y Bubbie, al ser la más pequeña del Séder, preguntaba las cuatro preguntas tradicionales en hebreo o en yidis.

Bubbie disfrutaba de muchas fiestas judías: le gustaba celebrar el Purim porque se podía disfrazar, representar la historia bíblica en un teatro, hacer ruido por el templo con una matraca, que se usaba especialmente durante el Purim, y simplemente divertirse.

El Sucot era otra fiesta que le traía muchos recuerdos alegres. Era una época en la que podía disfrutar del aire libre y lo bonito que estaba en otoño. Aunque no todas las familias construían una sucá (un cobertizo temporal cubierto de materiales naturales, construido cerca de una sinagoga o una casa y usado especialmente para las comidas durante el festival judío de Sucot) en su patio, los vecinos de Bubbie lo hacían cada año. Su familia podía cenar allí con ellos bajo las estrellas.

Durante el Sucot, las familias comparten variedad de comidas, como sopa de fideos de pollo, pescado *gefilte* y un plato de zanahorias dulces. Los Días Temibles, sobre todo Rosh Hashaná y Yom Kipur, eran los que se observaban más estrictamente. Los padres de Bubbie siempre iban al templo a rezar. Gershon formaba parte de una organización a través de sus conexiones de medicina, llamada la «Sociedad de Asistencia Médica» y así la familia pasaba los Días Temibles con este grupo cada año. En Yom Kipur, todos deben ayunar durante el día entero. De niña, Bubbie solo aguantaba hasta la hora de comer.

Mi abuela nació y creció en Polonia, hasta 1939, cuando los rusos ocuparon su parte del país. Desde el 1939 hasta el 1941, fue a un instituto ruso y todos sus estudios pasaron a ser en ruso. En la escuela, tomaba clases de aritmética, religión judía, latín, historia y escritura. Era miembro del coro y también iba a música y arte. Su profesor les enseñaba perspectiva y como crear profundidad al dibujar árboles en un trozo de papel.

Bubbie describía su infancia como la típica de cualquier niño. Comía, dormía, iba a la escuela y jugaba con sus hermanas y otras niñas del vecindario. Cantaba canciones en polaco y yidis en la escuela. Cuando le pregunté con qué tipo de cosas soñaba, respondió: «No me podía permitir soñar con cosas muy caras». Esto, decía, era porque no tenían los medios para comprar nada que no fuese estrictamente necesario. Por ejemplo, quería aprender a tocar el piano, pero sabía que no era un sueño realista porque su familia no se podía permitir uno.

Aunque tenía un hogar familiar muy sencillo, Bubbie describía con gran gusto el único objeto lujoso que poseían: una radio de la marca alemana *Telefunken*. Esta radio, aún considerada una invención milagrosa en la época, les permitía acceder a otras partes del mundo. Como eran una familia musical, la radio era fuente de inmenso placer.

Ansiaban que llegara el miércoles por la noche, cuando ponían la transmisión búlgara de Café Paradis y sonaban todas las canciones bonitas y populares. Al día siguiente en la escuela, Bubbie les enseñaba a las otras niñas las canciones que había aprendido la noche anterior. En casa, jugaban a muchos juegos y también cantaban mucho. Cantaban en polaco, ruso y yidis, y Bubbie conocía todas las canciones populares, sobre todo de escucharlas en la radio.

Como he mencionado antes, de pequeña, Bubbie sufrió antisemitismo con frecuencia. Les llamaban de forma despectiva a ella y a sus amigas. Sin embargo, la inicial subida al poder de Hitler en 1933 no afectó a Bubbie. De hecho, no era consciente del mundo y de la política a tan temprana edad porque «tenía cosas más importantes que hacer».

Pero sus padres y otros adultos pronto se dieron cuenta lo que empezaba a ocurrir a su alrededor. En 1938, todos en el vecindario se reunieron bajo la ventana de Bubbie para escuchar como Hitler exclamaba por la radio: «Die Juden, die Juden, die Juden!» como hacían los chicos de las Juventudes Hitlerianas.

Rivka se dio cuenta de cuantos chicos del *gymnasium* se habían unido a una organización antisemita. En retrospectiva y con el beneficio de la investigación, ahora sabemos que eran parte de las Juventudes Hitlerianas, cosa obvia por el pin que llevaban en la solapa con una esvástica nazi. Se lo enseñaban a los chicos judíos para expresar su odio hacia ellos.

En su libro *Mein Kampf*, escrito en los años 20, Hitler escribió: «Quien controla a los jóvenes controla el futuro». Incluso antes de subir al poder en 1933, los líderes nazis habían empezado a organizar grupos que educasen a los jóvenes según los principios nazis.

Para el 1936, todos los niños arios de Alemania de más de diez años estaban obligados a unirse a un grupo de juventud nazi. A los diez años, los iniciaban para entrar en los *Jungvolk* (Juventud) y a los catorce se les promovía a las Juventudes Hitlerianas. Sus hermanas se unían a las *Jungmädel* (chicas jóvenes) y más tarde se las ascendía a la Liga de Chicas Alemanas. Hitler esperaba que «Estos jóvenes no aprendan más que a pensar como alemanes y actuar como alemanes... y jamás vuelvan a ser libres, en toda su vida».[4]

Aunque la membresía en las organizaciones de Juventudes Hitlerianas era obligatoria, muchos jóvenes estaban deseosos y entusiasmados por unirse, por la sensación de pertenencia y la importancia que sentían al ser miembros de estos grupos.

Las Juventudes Hitlerianas se disolvieron después de la guerra. Sin embargo, aún se las considera una de las facetas más impactantes y estremecedoras del régimen nazi, «prueba de que un estado totalitario usa a sus niños para alimentar su ejército y promover sus ideologías basadas en el odio».[5]

Por Navidad, Bubbie, Rivka y su madre asistieron a un espectáculo en el *gymnasium* de Rivka. En la obra había una escena en la que un alumno cristiano acosaba a una chica judía gastándole una broma. Le daba un regalo de broma que contenía varias cajas de tamaño decreciente metidas una dentro de la otra, como una matrioska rusa, y la caja más pequeña contenía una cebolla. Esto se hizo simplemente para burlarse de ella y de los otros judíos en el colegio y para expresar su odio hacia todos los judíos. Aunque había experimentado antisemitismo antes, a Bubbie le sorprendieron sus esfuerzos interminables para denigrar e insultar a los judíos.

Los primeros signos reales de peligro que Bubbie experimentó fueron las declaraciones peyorativas que hacían los nazis en la radio, además de desconocidos por la calle. Les soltaban comentarios con odio, exclamaban: «¡Judíos, a Palestina! ¡Judíos, a Palestina!».

Querían que los judíos abandonasen su ciudad natal. Después oyó los rumores de que los polacos, que en ese momento poseían la autoridad en la ciudad, estaban reuniendo judíos y los mandaban a Madagascar o África. Mi abuela veía Madagascar como un «lugar extraño y divertido». Su familia sabía que estaba en África y era, en su mente, probablemente salvaje y primitivo. Aun así, pensaban que quizás estarían mejor allí que donde vivían.

Sin embargo, su familia no hizo ningún intento por dejar el país, ni nadie más que conociesen. No era que quisiesen quedarse, pero no tenían ningún otro lugar al que ir. Además, apenas tenían dinero y, sobre todo, ese era *su* lugar, *su* hogar.

Pensad que el mundo parecía mucho más grande e intimidante en ese entonces de lo que parece hoy. Había algunas organizaciones que ayudaban a los judíos a emigrar a Palestina, ahora conocida como Israel, pero su familia no intentó sacar ninguna de sus posesiones fuera del país o irse, pue su pequeña comunidad era todo lo que conocían.

Sus padres, así como muchos otros judíos, enterraron tesoros, como anillos y otras joyas, cuando los nazis empezaron a ocupar el país y sus comunidades. Bubbie recordaba que enterraron un pequeño anillo de oro con una piedra roja que tenía, pero no sabía dónde lo habían escondido sus padres.

Además, me dijo que nadie pensaba que el régimen nazi sería tan malo. Estaban en completa negación sobre que los nazis realmente tuviesen la intención de erradicar a un grupo entero de personas de la faz de la tierra.

No pasó mucho hasta que la guerra los rodeó. Los aviones soltaban bombas. A cualquier persona con una mínima conexión con el área de la medicina le dieron un panfleto que describía los tipos de gas venenoso y le dijeron que se lo memorizasen.

Como farmacéutico, le dieron uno de estos panfletos al padre de Bubbie. Bubbie se creía su instructora y le ayudó a estudiar y le preguntaba sobre el material. Sentía que su padre estaba muy orgulloso de ella, pues ella también se había aprendido los numerosos tipos de gases, sin darse cuenta de lo que les podían hacer realmente. Mi abuela aún no había vivido una guerra y secretamente le parecía emocionante.

---

1. https://www.chabad.org/library/article_cdo/aid/3025072/jewish/What-Is-a-Shtetl-The-Jewish-Town.html

2. Serie norteamericana de libros infantiles publicada desde 1942.
3. El *yizkor* es un servicio conmemorativo que los judíos celebran en ciertos días sagrados para sus familiares fallecidos.
4. https://www.facinghistory.org/holocaust-and-human-behavior/chapter-6/joining-hitler-youth
5. https://www.history.com/news/how-the-hitler-youth-turned-a-generation-of-kids-into-nazis

6

CONTROL RUSO

El verano de 1939, alemanes montados en motocicletas invadieron la ciudad de Bubbie.[1] Había comenzado la ocupación. Bubbie recordaba ver a alemanes jóvenes y rubios entrar en su ciudad y después oyó la primera bomba caer. Bubbie y los otros niños sentían curiosidad por la conmoción. Los adultos, sin embargo, estaban extremadamente preocupados y comprensiblemente asustados.

Los nazis usaron la propaganda de forma efectiva para ganar el apoyo de millones de alemanes en una democracia y, más adelante, en una dictadura; para facilitar la persecución, la guerra y, finalmente, el genocidio.[2] Eran propagandistas habilidosos, usaban técnicas publicitarias sofisticadas y la tecnología más avanzada del momento para esparcir su mensaje.

Una vez tuvo el poder, Adolf Hitler creó el Ministerio del Reich para la Ilustración Pública y Propaganda para moldear el comportamiento y la opinión pública de los alemanes. La propaganda nazi tuvo un papel clave para impulsar la persecución y finalmente la destrucción de los judíos de Europa. Incitaba el odio y fomentaba un clima de indiferencia por su destino.[3] Mi Bubbie me dijo que recordaba haber escuchado a un alemán sorprendido después de hablar con un judío, pues tuvo la impresión de que eran, en sus palabras, «gente normal».

Soltaron otra bomba, y una de las mejores amigas de Bubbie, junto con su hermana pequeña y su padre, fueron asesinados todos a la vez.[4] Mi abuela estaba desolada.

La ciudad estaba destrozada, había trozos de cristal por todos sitios y el tendido eléctrico había caído en todas las calles. Después de tres días de ocupación y bombardeo, Hitler acordó con Stalin dividir Polonia en dos. Su plan era ocuparlo todo como había hecho antaño Napoleón. Hitler pensó que podía hacer las paces con Stalin dándole la parte este de Polonia y ocupar la parte oeste él mismo.

Bubbie y su familia quedaron bajo ocupación rusa. Para Bubbie, la vida volvió a la normalidad, pero culturalmente era distinto y, sorprendentemente, mejor en algunos aspectos. Volvió a la escuela, pero a una escuela rusa, ahora le enseñaban en ruso. A los rusos les encantaba bailar y tocar la mandolina, así que Bubbie podía bailar y disfrutar de la música. Aunque estuviese bajo ocupación rusa, por lo menos aún vivía en su ciudad natal. Ella, junto con otras dos niñas y tres niños, formaron un grupo de baile y hacían un espectáculo en todas las celebraciones. Fue una época divertida para mi abuela a su joven edad, que no se daba cuenta del trauma que la situación suponía para sus padres.

Bajo la ley rusa, no había empresa privada. Todo era propiedad del país. En otras palabras, le daban a la gente lo que querían que tuviesen y cogían lo que necesitaban. Por ejemplo, un día anunciaron que repartirían azúcar, así que se formó una larga cola de gente que esperaba para conseguir azúcar.

Los judíos que eran de la parte oeste de Polonia, que estaba bajo ocupación alemana, migraron a su parte de Polonia porque era más seguro durante los dos años de ocupación rusa. Como resultado, su ciudad quedó muy congestionada. En un intento de reducir la sobrepoblación, los rusos empezaron a enviar a muchos judíos a Siberia en trenes.

Un día, durante el colegio, los niños oyeron disparos de artillería y los alemanes volvieron a ocupar el territorio durante tres días antes de que pactasen otra vez entre Rusia y Alemania.

Bubbie vivía en la zona ucraniana, así que quedó bajo ocupación rusa, pero entonces los rusos llegaron a las ciudades y empezaron a apoderarse de los negocios de la gente, incluido el de su padre. Los rusos avisaron de esto con un poco de antelación, lo que le dio a su familia tiempo de rescatar algunos objetos como jabón, que en ese momento se consideraba un lujo, y se lo llevaron a casa. A lo largo de esta ocupación de dos años, mi abuela no era consciente de que hubiesen asesinado a nadie de su ciudad.

Durante esta época, Rivka se casó con un hombre llamado Munia Szafir. Se quedó embarazada y perdió el bebé. Solo llevaban siete meses casados cuando los rusos alistaron a Munia en el ejército y, con el ataque alemán que siguió poco después, Rivka no lo volvió a ver jamás.

Obligaron a Gershon a trabajar en otra farmacia de una ciudad vecina después de que los rusos confiscasen la suya, y solo podía volver a casa los fines de semana. Para los adultos, que les quitasen su sustento era más que humillante, era devastador.

---

1. https://www.jewishgen.org/Yizkor/Volodymyr_Volynskyy/volo22.html
2. https://encyclopedia.ushmm.org/content/es/article/nazi-propaganda
3. *Idem*
4. https://www.jewishgen.org/Yizkor/Volodymyr_Volynskyy/volo22.html

7

IMÁGENES INOLVIDABLES

Repetidamente, pasan por delante de mis ojos las imágenes de los cuerpos desnudos de hombres, mujeres y niños. Como una horda de animales, avanzando a empujones, obligados a darse prisa y saltar a un abismo sangriento. «Schnell!» gritaban los ejecutores. Esa zona tenía que prepararse rápidamente para la siguiente horda de cuerpos desnudos que se enfrentaban a unas fosas comunes de un tamaño nunca antes visto. Saltaron. Imaginé oír cientos de voces, gemidos y los lloros de madres e hijos. Lo revivía todo.

¿Cómo podía dormir? 19 000 muertos en ese primer pogromo. Entre ellos estaban mi padre, mi madre, mi abuela, mis hermanas, primas y primos, tías y tíos, el vecindario entero. De los 7000 judíos que quedaron en la ciudad, dos meses más tarde 6000 tuvieron la misma suerte. Repitieron la misma ruta que llevaba a la fosa común, ahora más pequeña, que los iba a engullir. Solo nos permitieron a mil jóvenes capacitados, yo entre ellos, quedarnos en un pequeño gueto. Se nos obligó a producir para los alemanes: sastres, zapateros, fabricadores de velas, tejedores, etc.

Recuerdo bien el siguiente incidente durante una de esas labores forzadas. Sintiendo nuestro ánimo y nuestra depresión, a Herr Keller, nuestro supervisor, le apeteció meter el dedo en la llaga y proclamó con orgullo

«Yo mismo disparé a 8000 judíos y recibí treinta peniques por cabeza». Se había enriquecido a nuestra costa.

No mostramos ninguna emoción, pues sabíamos que nuestro destino estaba sellado. Pronto todo acabaría. Después de un año y un mes desde que muriesen los 6000, el exitoso Judenrein *había acabado. Tan solo unos 26 000 judíos habían sobrevivido, puramente gracias al destino. Esta era la única explicación. -* Mania Lichtenstein, 14 de junio de 2000.

Volodímir, capturado

El 22 de junio de 1941, los alemanes volvieron a atacar y Volodímir, la ciudad de Bubbie, fue capturada.[1] Los rusos habían empezado a retirarse cuando vieron que empezaba la guerra. Los alemanes anunciaron que todos los judíos debían salir de sus casas e identificarse.

Montaron paradas para registrar a los judíos, recoger datos y tener un inventario de toda la población judía inmediatamente. Registraban a cada judío con su nombre, dirección, sexo y edad.[2] Bubbie recordaba registrarse con un grupo de amigas y, aunque tenían miedo, soltaron risitas cuando les preguntaron si estaban casadas.

Los alemanes empezaron a construir guetos cerrando zonas de la ciudad con vallas de alambre con púas. Montaron dos guetos: el «gueto de vivos» para los trabajadores capaces y el «gueto de muertos» para los que no podían trabajar.

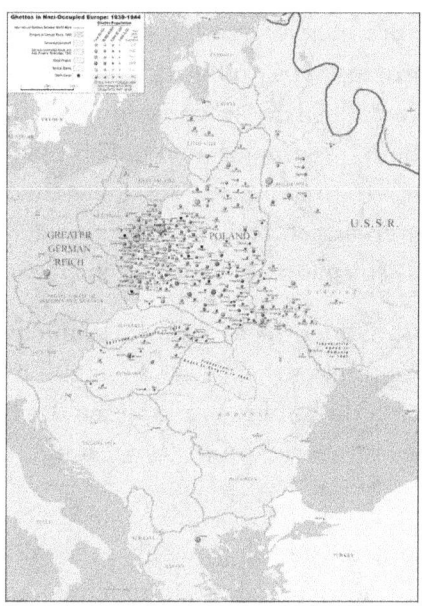

Volodímir. Mapa de los guetos en la Europa de los nazis, 1939-1944. Volodímir está situado un poco al noroeste de Belzec, un campo de exterminio.

La casa de Bubbie estaba en el gueto de vivos. Recordaba que distintas familias ocupaban cada habitación de su casa, gente a la que no conocía de antes. Las puertas entre los dos guetos estaban vigiladas por la policía judía y el acceso de uno a otro estaba restringido a unas horas específicas.

Su gueto tenía un comedor social y un hospital. El gueto también tenía talleres de costura y zapatería. A los judíos se les asignaban labores de producción y cultivo. Solo los que tenían permisos de trabajo podían dejar el gueto y salían y volvían diariamente en grupos.

Crearon campos de trabajo forzado en muchos guetos, especialmente en Polonia. Según la enciclopedia online del Museo Conmemorativo del Holocausto de Estados Unidos: «En el gueto de Lodz, por ejemplo, los nazis abrieron 96 fábricas. La capacidad para el trabajo podía salvarle la vida a una persona, pero, generalmente, solo de manera temporal. Aquellos judíos a quienes los nazis consideraban improductivos solían ser los primeros en ser fusilados o deportados. Los trabajadores judíos, incluso los que hacían trabajos forzados, no se consideraban imprescindibles».[1] Los trabajos forzados asignados incluían limpiar para la policía alemana, trabajar en una fábrica de mermelada, repartir agua mineral y trabajar en agricultura.[2] Mi abuela decía que se llevaban a los bebés lejos de sus padres para nunca verse de nuevo.

Ordenaron a los judíos entregar todos sus objetos de valor, como dinero, abrigos de piel, joyas, etc.[3] Si alguien desobedecía, lo fusilaban. La familia de Bubbie era la única del bloque con radio, pero tuvieron que entregarla, junto con el oro, la plata de *Sabbat* y los candelabros.

El dinero y otros objetos de valor que antes consideraban preciosos ya no tenían significado para ellos. Tenían que dárselos todos a los alemanes. «Una escena degradante de personas que parecían robots, doblados bajo el peso de lo que cargaban, sus caras llenas de dolor, en fila para entregar, como les habían dicho, sus objetos antes tan valiosos, y ahora de tan poco valor frente la muerte»

Bubbie escribió: «Entregar el candelabro, una herencia que se mantenía en las familias durante generaciones y se encendía sin falta cada viernes por la noche, era un claro signo de destrucción del hogar judío». Esto es cierto, pues durante siglos, generación tras generación, las familias encendían las velas de *Sabbat* cada viernes por la noche. Los candelabros antiguos que recibí como regalo de boda, por ejemplo, se encienden cada viernes por la noche que estamos todos en casa para recibir el *Sabbat*.

Bubbie pasó especial miedo una tarde en la que los alemanes irrumpieron en su casa y se llevaron a su madre a la comisaría por no haber entregado un abrigo de piel que realmente no poseía. Contó que tuvo que rogar de forma agonizante con los alemanes para convencerles de que era verdad y que dejasen ir a su madre.

Ahora trataban a los judíos como animales enjaulados. Les ordenaron hacerse un brazalete con una *Magen David* (estrella de

David) que debían llevar en el brazo para que los identificasen fácilmente en caso de que se escabullesen de los guetos.[4] Los obligaron a vivir en ellos durante muchos meses.

Cada día, se llevaban a cientos de hombres judíos de los guetos para cavar tumbas. Les dijeron que necesitaban dos fosas. Mi abuela descubrió de alguna forma que la primera debía ser lo suficientemente grande como para que cupiesen 19 000 cuerpos. Más tarde, debían cavar otra más pequeña para mil cadáveres más.

Según los supervivientes con los que he hablado, los nazis no dieron ninguna de esta información a los judíos. Sin embargo, lo descubrieron a través de rumores y de judíos que se veían obligados a vigilar los guetos para los nazis. La policía judía, oficialmente el Servicio de Orden Judío (alemán: *Jüdischer Ordungsdienst*; polaco: *Żydowska Służba Porządkowa*), estaba formada por unidades de policía judía instituidas bajo ocupación nazi en la mayoría de los guetos de Europa del este. «Crear una fuerza policial normalmente estaba relacionado con la creación de los guetos, que excluían a la población judía de la jurisdicción general de la policía y, por tanto, creaba la necesidad de un sistema alternativo para asegurar que la población judía se sometía a las órdenes de los ocupantes alemanes».[5]

Los nazis tenían un documento que establecía en que gueto se designaba a cada judío. El gueto de vivos era más grande que el de muertos y estaba rodeado por vallas de alambre. Todo el mundo estaba atrapado en su gueto, pues nadie tenía permitido salir, a menos que fuese bajo supervisión nazi para hacer trabajos forzados.

Aunque todos los judíos estaban obligados a llevar la banda blanca con la estrella de David en un principio, los nazis pronto la sustituyeron por parches grandes, de unos 13 centímetros, de un naranja y amarillo brillante que tenían que llevar en el pecho para que los identificasen aún más fácilmente. El color era tan vivo que se veía de lejos.

1. https://encyclopedia.ushmm.org/content/es/article/forced-labor
2. https://www.yadvashem.org/untoldstories/database/index.asp?cid=1043
3. https://www.jewishgen.org/Yizkor/Volodymyr_Volynskyy/vol022.html
4. *Idem*
5. http://www.yivoencyclopedia.org/article.aspx/Ghettos/Ghetto_Police

8

OCUPACIÓN ALEMANA

Bubbie tenía diecisiete años en el momento de la ocupación alemana. La vida había cambiado drásticamente y sin previo aviso. Se sentaba con sus hermanas, lloraban y rogaban, no querían morir. Los días eran largos, así que cantaban para pasar el rato. Cuando entrevistaron a mi abuela para el Proyecto de la Fundación Shoá, recordó una canción polaca de cabaret que cantaban durante horas en casa. Le gustaba tanto porque era una canción romántica con una melodía dulce.

La comida escaseaba y todo el mundo estaba hambriento constantemente. Además, pasaban mucho frío, pues no había calefacción. Bubbie y Nechamka a veces evitaban momentáneamente el frío quedándose en la cama, bajo las mantas de plumas, con solo los ojos fuera mientras esperaban a que su madre preparara un desayuno de creación propia que consistía en una sopa de patata que era en verdad en su mayoría agua. Como mínimo era algo de comer que quizás las calentaría, por lo menos un rato. Su vida en los guetos había cambiado profundamente la inocente visión del mundo de Bubbie. Ahora vivía en un estado de miedo constante.

Los alemanes se burlaban y aterrorizaban a los judíos diariamente, incluso les cortaban los peyot, que son los mechones largos de pelo que llevan los hombres ortodoxos.

Un sombrío viernes noche, se llevaron a un centenar de hombres judíos y los torturaron y asesinaron solo porque tenían poder y para intimidar a los otros judíos.[1] Esa noche se nombró el Viernes Negro, pues era en la noche de Yom Kippur, que ese año empezó un viernes noche. Mi abuela dijo que este gran suceso les dio «una muestra de lo que estaba por llegar. El mensaje era alto y claro».

Bubbie decía que era casi imposible entender hasta qué punto llegaba el barbarismo de los alemanes. ¿Cómo podían esas personas cometer tales atrocidades a otros? Todo el mundo tenía dificultades para creer que los alemanes realmente eran humanos. De hecho, no todos querían. Algunos, hasta el mismo final, se negaron a creer la verdad de lo que ocurría a su alrededor.

Todo el mundo se moría de hambre. Apenas había comida, pues los alemanes se negaban a dejar comer a los judíos. Pensaban que no valía la pena alimentar a los que iban a asesinar pronto. Productos que antes se consideraban importantes se volvieron completamente irrelevantes. La vida trataba solo de cómo sobrevivir mientras estaban a merced de una gente tan horrible y bárbara. Bubbie, como los otros, creía que pronto sería asesinada y le costaba sobrevivir hasta ese fatídico momento.

Recordaba vívidamente los primeros días largos y vacíos en el gueto. Ella y Nechamka, quizás por influencia de su idílica hermana mayor Rivka, estaban llenas de sueños románticos que el alambre de púas no podía parar. Soñaban con ser jóvenes y libres, reír y pasear por la calle Farna, como hacían antes.

Bubbie me contó que, con la música corriéndoles por las venas, cantaban mientras las lágrimas les rodaban por las mejillas. Eran jóvenes y querían vivir, pero esta situación no era normal y no se sentían como seres humanos. Para ayudar a pasar el tiempo, deshacían cualquier objeto de punto que encontraban para volver a tejerlo. En esos días, Rivka hizo un hermoso jersey con un diseño elaborado que Bubbie no olvidó jamás. Mi abuela decía que sus padres «nos miraban desesperanzados y vacíos».

Los judíos que vivían en el gueto de vivos más grande eran útiles para los alemanes porque podían trabajar. Así pues, los mantuvieron vivos, por lo menos durante un tiempo. Estos judíos tenían habilidades especiales que los alemanes necesitaban, eran zapateros, fabricadores de velas, etc. Rivka pudo hacer un documento para su padre que lo describía como paleta, aunque no tenía experiencia en la obra, para que los metiesen en el gueto de los vivos. Los que estaban en el de los muertos sabían que estaban sentenciados.

Los judíos intentaban mantenerse al día de sus festividades mientras vivían en los guetos. No podían comunicarse con el mundo exterior y era difícil saber qué día era según el calendario lunar.[2] Como en cualquier ciudad pequeña, sin embargo, siempre había alguien con un calendario que contaba los días y las fiestas. Todos intentaban observar las fiestas judías tanto como podían.

Eran bastante conscientes de la masacre que estaba ocurriendo a su alrededor y en toda Europa del este en ese momento, pues las historias pasaban de un pueblo a otro gracias a los suficientemente afortunados de haber sobrevivido a una.

Mi abuela recordaba a la gente de las ciudades vecinas que a veces escapaban y compartían las noticias de las horribles cosas que habían presenciado. Un chico en particular, de una ciudad cercana, que mi abuela conocía porque frecuentaba la farmacia de su padre, había escapado y advirtió a mi abuela y a los demás sobre lo que vio. Todo el mundo pensó que se estaba inventando historias y mintiendo. La verdad pronto sería inequívoca.

En agosto de 1942, los alemanes se llevaron unas quinientas mujeres para trabajar en los campos de trigo. Su trabajo era cortar el trigo, hacer fardos y colocarlos en una máquina que molería el trigo hasta convertirlo en harina. Les hicieron trabajar en los campos largas horas bajo el sol abrasador. A veces había tormentas y vientos casi huracanados y Bubbie tenía miedo de los rayos y de la lluvia, pero no se les permitía refugiarse para estar a salvo de ellas.

Mientras trabajaban allí, los alemanes les hacían correr, no caminar. Imponían esto supervisándolas desde sus caballos y dándoles latigazos si no trabajaban lo suficientemente rápido o si intentaban escapar. Una vez un nazi le dio un latigazo a Bubbie en la cara porque consideraba que había puesto un fardo demasiado grande en la máquina. Se sintió degradada e insignificante, pero no podía permitirse el lujo de llorar, pues solo eran una cifra que pronto matarían.

Durante el primer y el segundo día en el campo, les dieron una taza de sopa y un poco de agua. El tercer día, esto se acabó. No tenían ni sopa ni agua mientras trabajaban en los campos calurosos. En su lugar, tenían que beber de un estanque infestado de ranas. No les daban comida ni agua porque los nazis planeaban matarlas inminentemente, creían.

Bubbie recordaba que su abuela Henie le dio un pepinillo pequeño y agrio que había recibido de otra persona. Aunque todos pasaban hambre y su abuela se lo podría haber comido, insistió en que se lo quedase Bubbie. Este gesto generoso hizo que Bubbie considerara a su abuela una heroína. El pepinillo era un símbolo de su amor.

El tercer día, trabajaron hasta que oscureció. Incluso durante una lluvia terrible y a través de los truenos y relámpagos, les obligaron a seguir. Las mujeres estaban petrificadas por tener que trabajar en tales condiciones en un campo descubierto. A mi abuela le parecía que «incluso la naturaleza estaba en nuestra contra». Por la noche, tarde, los furgones llegaron finalmente para devolverlas a los guetos. Por la forma en que las trataron ese día, sabían que ya no contaban para nada.

1. https://www.jewishgen.org/Yizkor/Volodymyr_Volynskyy/volo22.html
2. El calendario judío se basa en ciclos lunares, por lo tanto, cada año las festividades ocurren en fechas distintas del calendario solar.

9

EL PRINCIPIO DEL FIN

Después del tercer día de trabajo en los campos de trigo, los furgones finalmente nos llevaron de vuelta a uno de los dos guetos. No era en el que vivía mi familia. Ya era de noche y yo estaba ansiosa por volver a casa. Les supliqué a los guardas de las puertas que me dejasen ir, pero fue en vano. Sabían que se acercaba nuestro fin, así que para qué molestarse...

Dado el ambiente de esa noche podía suponer fácilmente lo preocupada que estaba mi familia. Que no volviese a casa significaba una sola cosa para ellos: ya había muerto. ¿Cómo lo soportarían? Una vecina que sobrevivió al primer pogromo vio y me relató esa noche trágica y sin sueño.

Parecía que todo el mundo podía ver una señal invisible que anunciaba nuestro apocalipsis. Contrariamente a lo que creía mi familia, yo no estaba muerta, pero ellos sí que lo estuvieron en cuestión de horas.

Lo que sucedió fue lo siguiente: cuando, de forma inesperada, los alemanes tendieron una emboscada en su gueto, surgieron el pánico y el caos. El instinto le dice a uno que se oculte, pero ¿dónde? Esas casas primitivas no tenían rincones secretos. El único lugar posible era el ático. Normalmente, ese sitio traía unos recuerdos a los que guardábamos cariño, de niñas el ático era nuestro refugio privado, donde jugábamos durante horas. La escalera de mano que llevaba a él parecía tener cientos de travesaños.

Con prisas, mi padre, mi madre, mi hermana mayor Rivka y mi abuela, que era ciega, subieron la escalera y entraron en el ático. En el momento de la emboscada, mi hermana Nechamka estaba en casa de un vecino y no tenía oportunidad de volver. Todos los de esa casa se escondieron cerca de los fogones, de los cuales salían gases mortíferos y, como resultado, sucumbieron a la asfixia.

Apenas el resto de la familia hubo entrado en el ático, con los corazones desbocados, oyeron los pasos pesados de las botas de sus cazadores que subían por la escalera.

Rápidamente obedecieron las órdenes que les daban a gritos. Asustados y temblando, bajaron. No era fácil, especialmente para mi abuela. Mi padre prácticamente tuvo que cargar con ella.

Les ordenaron que se montasen a unos furgones de ganado que ya estaban llenos a reventar. Sabían bien donde iban. Llegaron a las fosas comunes ya preparadas que, destripados de su ropa y de su humanidad, se los tragaron. Soporto mucho mejor mis propias experiencias horribles que la suya. Después de todo, yo sobreviví, solo gracias al destino. Quizás fue providencia... alguien tenía que contárselo al mundo. No paro de revivir su angustia y su dolor. - Mania Lichtenstein, febrero de 1999

Mi abuela hablaba del primer «pogromo» que sucedió el uno de septiembre de 1942.[1] Su uso de la palabra «pogromo» es acertado en el contexto de lo que conocía en ese momento en la Polonia rural. Un pogromo generalmente se considera un ataque violento contra un grupo en base a su identidad étnica y se usa sobre todo para referirse a los ataques contra los judíos en la Europa de los siglos XIX y XX.[2] Otros, al comentar el genocidio que tuvo lugar en Volodímir, también han descrito los ataques de esta forma.[3]

Aunque los pogromos seguían cometiéndose por parte de la población local, los fusilamientos en masa de judíos fueron cometidos por los *Einsatzgruppen*.

Los *Einsatzgruppen*, o Grupos Operativos, eran unidades de policía especiales de las SS con la labor de asegurar los territorios ocupados a medida que las fuerzas armadas alemanas avanzaban por Europa del este. Los pelotones asesinaban a judíos y oponentes políticos sin piedad.[4]

Muchos creen que el asesinato sistémico de judíos en la Unión Soviética ocupada por los pelotones de los *Einsatzgruppen* y la Policía del Orden (*Ordnungspolizei*) fue el primer paso de la Solución Final, el programa nazi para asesinar todos los judíos europeos.[5] «En contraste con los métodos que se establecieron más tarde de deportar a los judíos de sus propios pueblos y ciudades o guetos a campos de concentración, los *Einsatzgruppen* venían directamente al hogar de la comunidades judías y los masacraban allí.[6]

Eso se conseguía con los métodos primitivos de obligar a judíos a cavar grandes hoyos en sus ciudades y después dispararles o tirar hombres, mujeres y niños dentro y enterrarlos.

Los *Ensatzgruppen* se movían con rapidez, tomaban a la población judía por sorpresa y los dejaban paralizados e incapaces de defenderse.[7] Los exterminios en masa estaban bien organizados y, tan pronto como invadían una zona, los *Einsatzgruppen* agrupaban a judíos, oficiales del Partido Comunista, gitanos y miembros de la intelligentsia.

Si la orden requería «exterminación total», las mujeres y los niños judíos estaban incluidos en el grupo. Esos a los que habían llamado marchaban a las afueras de la ciudad y les fusilaban. Enterraban los cuerpos en fosas comunes, apilándolos unos sobre otros.[8]

En el juicio de Nuremberg por crímenes de guerra de 1946, uno de los comandantes de los *Einsatzgruppen* describió una masacre típica:

«La unidad [de Einsatz] entraba en un pueblo o ciudad y ordenaban a los ciudadanos judíos destacados que llamasen a todos los judíos con la intención de "reasentarlos". Se les pedía que entregasen sus objetos de

valor y, poco antes de la ejecución, su ropa. Los transportaban al lugar de las ejecuciones, normalmente una zanja antitanque, en furgones, siempre solo los que pudiesen ser ejecutados inmediatamente... Entonces eran fusilados, de rodillas o de pie... y se tiraban los cuerpos a la zanja.»
9

(Fuente de los mapas: *Einsatzgruppen – Animated Map / The Holocaust Encyclopedia*)

Esto fue parecido a lo que ocurrió en Babi Yar, situado a las afueras de Kiev, no muy lejos de la ciudad de mi abuela. El 19 de septiembre de 1941, la *Wehrmacht* capturó Kiev, en Ucrania. Al cabo de una semana, una serie de edificios ocupados por los militares alemanes fueron dinamitados por la policía secreta soviética y, como represalia, los alemanes procedieron a matar todos los judíos de Kiev.

Colgaron una orden por toda la ciudad, en ruso y en ucraniano:

¡Judíos de la ciudad de Kiev y alrededores! El lunes, 29 de septiembre, debéis presentaros a las 7 con vuestras posesiones, dinero, documentos, objetos de valor y ropa de abrigo a la calle Dorogozhirshaya, al lado del cementerio judío. No venir puede significar la pena de muerte.

Desde el cementerio, hicieron marchar a los judíos hasta Babi Yar, un desfiladero que estaba a solo tres quilómetros del centro de la ciudad. Un conductor de furgón que estuvo presente en la escena describió lo que vio:

«Vi lo sucedido cuando los judíos, hombres, mujeres y niños, llegaron. Los ucranianos los guiaron por una serie de lugares distintos donde, uno después de otro, debían soltar su equipaje y después quitarse abrigo, zapatos, ropa y también ropa interior. Tuvieron que dejar sus objetos de valor en un lugar designado. Había un montón para cada pieza de ropa. Todo sucedió muy rápido... No creo que pasase ni un minuto desde que cada judío se empezaba a quitar la ropa hasta que estaba completamente desnudo...

»Una vez desvestidos, llevaron a los judíos al desfiladero, que era de unos 150 metros de largo y treinta de ancho, y tenía unos buenos quince metros de profundidad... Cuando llegaban al fondo del barranco, miembros de la *Schutzpolizei* los recogían y los hacían tumbarse encima de judíos a quienes ya habían disparado. Todo esto sucedió muy rápidamente. Los cadáveres estaban literalmente en capas. Un tirador de la policía se acercó y disparó a cada judío en el cuello con una metralleta... Vi a este hombre de pie sobre capas de cuerpos mientras disparaba a uno tras otro... El tirador caminaba entre los cuerpos de los judíos ejecutados hacia el siguiente judío que durante ese tiempo se había tumbado, y le disparaba».

Durante la semana siguiente, 33 771 judíos fueron asesinados en Babi Yar. Los meses siguientes, Babi Yar quedó activo como un lugar de ejecución para gitanos y presos de guerra soviéticos.

Los recuentos soviéticos de después de la guerra estiman cien mil muertos y, aunque otras investigaciones y artículos no confirman este número, la cifra real de los asesinados probablemente no se sabrá jamás.[10]

Al escuchar los detalles y la forma en que mi abuela describía cada uno de los pogromos que experimentó, puedo beneficiarme más de la investigación de finales del siglo XX.

Estoy bastante segura de que la fuerza paramilitar altamente organizada, disciplinada, usada como arma, era una prueba temprana del objetivo de los nazis de literalmente exterminar a todos los judíos de la faz de la tierra, la Solución Final,[11] que es exactamente lo que les ordenaron a los *Einsatzgruppen* que hicieran.

Estas acciones no fueron las mismas que las que mi abuela y su ciudad experimentaban como antisemitismo o acoso, sino que eran un catastrófico genocidio. Con tal de usar palabras consistentes que reflejen lo que mi abuela escribió en sus poemas y su prosa, continuaré con el uso de «pogromo».

Mi abuela recordaba que, a las once de la noche del 1 de septiembre de 1942, que era el tercer día que pasaba en los campos de trigo, ella y todas las demás estaban amontonadas como ganado en tres furgones y las llevaron de vuelta al gueto de muertos. Cuando Bubbie llegó, empezó a llorar. Les dijo que ella vivía en el otro gueto.

Los ucranianos trabajaban codo con codo con los nazis. Según el *Informe de Situación Operativa nº 6 de los* Einsatzgruppen *de la Policía de Seguridad y la SD en la U.R.S.S. (para el período del 1 al 31 de octubre de 1941)*, había una amarga hostilidad entre la población ucraniana contra los judíos porque pensaban que eran los responsables de las explosiones en Kiev. También los veían como informantes y agentes que desataban terror contra la gente ucraniana.

Arrestaron a todos los judíos como represalia por el incendio de Kiev y, en total, ejecutaron a 33 771 judíos entre el 29 y el 30 de septiembre de 1941. «Recogieron el oro, los objetos de valor y la ropa y lo pusieron a disposición del *Nationalsozialistische Volkswohlfahrt* (NSV) para el equipamiento de los *Volksdeutsche*, y parte de los objetos se donaron a la administración de la ciudad para que lo distribuyesen entre los necesitados».[12]

Así que, cuando los ucranianos trajeron a todo el mundo de los campos de trigo al gueto de los muertos y ella se puso a llorar y a suplicar que la llevasen al gueto de vivos, se rieron de ella y no la dejaron volver con su familia. Era la única que estaba trabajando en los campos de trigo y temía que su madre ya creyese que la habían matado.

Cuando llegó al gueto de muertos era ya casi medianoche. Los suegros de Rivka vivían allí, así que los buscó. Bubbie encontró la prima (política) de su hermana, que se llamaba Popa y tenía solo catorce años, a la madre de Popa y sus dos hermanos: uno de seis meses y otro de cuatro años.

Pasaron toda la noche despiertas y se quedaron vestidas por si sucedía algo repentinamente. Nadie habló en toda la noche y había un silencio sepulcral porque todos sabían que estaban a punto de ser asesinados. Nadie se movía, nadie dormía. Según Bubbie, esa noche fue muy larga, pues todos conocían su destino que pronto llegaría.

Al amanecer, podían ver que estaban rodeados de alemanes y ucranianos con metralletas en las manos y listos para atacar. Sabían que había llegado la hora.

A las seis de la mañana del uno de septiembre de 1942, los alemanes entraron en el gueto de los muertos.[13] Oyeron los primeros disparos y todo el mundo chilló, dio patadas y hubo un caos absoluto. Bubbie, los suegros de su hermana y algunos familiares corrieron a un escondite. Oían las botas de los alemanes pisando fuerte mientras buscaban a sus presas. Una familia importante que conocían vivía en el tercer piso. Bubbie, Popa y los parientes siguieron a la familia que vivía allí.

La pared del fondo tenía un armario y el fondo del armario se abría y detrás había una puerta que llevaba a un ático secreto en el que podían esconderse. Abajo, oyó los gemidos de la madre de Popa mientras se la llevaban fuera con sus dos hijos pequeños. Si había un bebé, descubrirían el escondite. Bubbie oyó a la madre de Popa gritar y se sintió completamente impotente. Todos estaban desesperados por sobrevivir y nadie podía esconder un bebé que lloraba de los nazis.

Ella y los demás se escondieron en el ático durante quince días. Hacía muchísimo calor y todos se quedaron sentados y agachados, mudos e inmóviles mientras escuchaban sombríamente todos los horrores de fuera. Oían a los alemanes que destrozaban todas las casas judías y buscaban a cualquiera que se escondiese en cualquier sitio. Como se suponía que debían perecer 19 000 judíos, los oían pisotear los tejados en busca de más. Se quedaron en el ático oscuro sin comida ni agua. A través de las cortinas veían lo que sucedía en el otro gueto.

Cundió el pánico cuando los alemanes prendieron el gueto de los vivos en llamas y los hicieron salir a todos con el humo.[14] En el gueto de vivos, las personas estaban amontonadas como sardinas muertas y las llevaron a su muerte.[15] Enterraron a 19 000, todas juntas.

Bubbie recordaba que los alemanes les repetían que no se preocupasen porque estaban en el gueto de vivos, pero era todo mentira y lo hicieron para mantenerlos con calma. La gente lloraba histéricamente mientras recitaba una plegaria llamada *Shemá*.

«Shemá Israel» («Escucha, Israel») son las dos primeras palabras de una sección de la Torá que es central en los servicios matutinos y de la tarde y que encapsula la esencia monoteísta del judaísmo: «Escucha, Israel: Dios es nuestro Señor, Dios es uno»

Recitarla dos veces cada día (por la mañana y por la noche) es un mandamiento bíblico. Además, se recita justo antes de retirarse por la noche y también en la *Kedushá* en el *Sabat*. La plegaria se ha vuelto tan esencial para la gente judía que es el clímax de la plegaria final de *Neilá* en Yom Kippur y tradicionalmente son las últimas palabras de un judío.[16]

A la una de la tarde se los llevaron a todos en los furgones, más allá del gueto de los vivos y hacia un lugar llamado Piatydnie, donde los esperaban dos fosas comunes enormes.[17]

Según Yad Vashem, los alemanes mataron a 15 000 judíos de la ciudad de Volodímir cerca del pueblo de Piatydnie, a doce quilómetros al este de la ciudad, del 1 al 3 de septiembre de 1942.[18] El gueto de vivos era un infierno. Este fue el día en que la familia de Bubbie y el resto del gueto de vivos fueron asesinados.

El silencio que oigo

Os oigo bien, mis seres queridos,
A través del lejano silencio total,
A través de los quilómetros del océano bien escondido,
Ya olvidado por todos los demás.
Solo una vez vi ese lugar de horror,
Adornado a un lado por bosques de pinos lustrosos,
Al otro lado un campo vasto e interminable,
Donde todos los que fuisteis silenciados descansáis.
Dos fosas comunes que esconden a veinticinco mil
Cuerpos judíos de jóvenes y mayores,
¿Es el silencio lo que resuena
O gritos de angustia lo que oigo?
Ahora por lo menos no sufrís más,
Los días sangrientos quedan atrás,
Recordaré para siempre vuestros gemidos y lágrimas
Y el silencio eterno oiré.
El sitio horrible en un rincón de Polonia
Se llama Piatydnie.

El año fue 1942.

Mania Lichtenstein, septiembre de 2002

---

1. https://www.jewishgen.org/Yizkor/Volodymyr_Volynskyy/volo22.html
2. https://www.myjewishlearning.com/article/what-were-pogroms/
3. https://www.jewishgen.org/Yizkor/Volodymyr_Volynskyy/Volodymyr_Volynskyy.html
4. https://encyclopedia.ushmm.org/content/es/article/einsatzgruppen
5. https://encyclopedia.ushmm.org/content/es/article/the-final-solution
6. https://encyclopedia.ushmm.org/content/es/article/einsatzgruppen
7. Michael Berenbaum, *The World Must Know*, Johns Hopkins University Press; edición revisada (enero 2006), p. 92.
8. *Ibidem*, pp. 100-101.
9. *Ibidem*, p. 93.
10. https://www.jewishvirtuallibrary.org/babi-yar
    http://www.holocaustresearchproject.org/einsatz/babiyar.html
    Michael Berenbaum, Johns Hopkins University Press; edición revisada (enero 2006), p. 98.
11. https://encyclopedia.ushmm.org/content/es/article/final-solution-in-depth
12. https://www.yadvashem.org/untoldstories/documents/From_Report_Einsatzgruppen_Extermination.pdf
13. https://www.jewishgen.org/Yizkor/Volodymyr_Volynskyy/volo22.html
14. *Idem*
15. *Idem*
16. https://www.chabad.org/library/article_cdo/aid/705353/jewish/The-Shema.htm
17. https://www.jewishgen.org/Yizkor/Volodymyr_Volynskyy/volo22.html
18. http://chelm.freeyellow.com/ludmir.html

10

VIDA EN EL ÁTICO

Mi abuela me contó que, de alguna forma, gracias al «destino», no destrozaron el techo de su ático y ella, junto con los demás, sobrevivieron. La valiente familia en cuya casa se escondían les trajeron una bolsa de galletas para compartir. También había un saco de guisantes, una patata cruda y unos cuantos trozos de *zwieback*, un tipo de pan seco. No sabían cuánto tiempo estarían allí.

Durante dos días, apenas comieron nada aparte de una galleta. No había agua y estaban extremadamente deshidratados. Después de ocho días, un adolescente llamado Plot, que se estaba escondiendo con ellos, recordó que había un poco de agua en el balcón. Se aventuró fuera con valor y volvió con un poco de agua estancada y verde que normalmente se usaría para lavarse el pelo, pero no para beber; sin embargo, todos tomaron un sorbo. El suegro de Rivka les dio su sorbo a los niños cuando llegó su turno. Fue un acto noble y el agua pasó a significar mucho más para mi abuela desde ese día.

Ya nadie se sentía como un ser humano. Estaban todos esqueléticos y muy débiles. La ropa les quedaba grande a medida que sus cuerpos empequeñecían. Por culpa de la falta de fuerzas debido al hambre y la deshidratación, todos tenían que agarrarse a algo para caminar y nadie hablaba durante días. No pensaban en comida ni en sobrevivir. Y, de hecho, no tener comida era una suerte, en el fondo, pues no debían ir tanto al baño, que era algo vergonzoso de hacer a plena vista de todos. Bubbie sí que se preguntaba por qué su madre, padre y hermanas habían sido asesinados y no ella.

Un día, oyeron como los ucranianos golpeaban los tejados. Los estaban arrancando en busca de más judíos. Sabían que muchos se estaban escondiendo en los áticos y los oían decir «¿Aquí encontraremos judíos?» como si estuviesen buscando oro. Por suerte, no quitaron ni dispararon al tejado de hojalata de donde Bubbie se escondía.

Los ucranianos y los alemanes eran implacables en su búsqueda por encontrar a cada judío con vida. Miraban a través de los espacios en las ventanas de los áticos o encontraban judíos que corrían y se escondían por las calles. Escuchaban y querían matar a más.

Colocaban los cuerpos uno al lado del otro, por capas, en las fosas. Acribillaban cada capa de cuerpos con balas y después la cubrían con un grupo nuevo. No les importaba si alguno seguía con vida.

Bubbie conocía una chica de catorce años de su escuela que fue la última en ser fusilada un día, aunque solo le dieron en la pierna. En medio de la noche, cuando la tumba aún estaba abierta, recuperó la conciencia y corrió de la fosa hasta la casa más cercana donde vivía un granjero que se apiadó de ella y la dejó esconderse en su hogar.

La tarde del día quince, a través de las grietas de las paredes del ático, Bubbie y los otros vieron un grupo de judíos demacrados y tambaleantes que eran guiados por alemanes. Cuando se fueron, sin duda para enfrentarse al mismo destino que los demás, el pogromo acabó.[1] 19 000 judíos habían sido asesinados.[2]

La gente empezó a salir de sus escondites. Ahora que habían llegado a la cuota, ya no disparaban ni se llevaban a la gente en trenes a cualquier lugar. Mi abuela siempre describía a los alemanes con palabras como «precisión» y «organización». Decía que hacían registros meticulosos y eran excelentes con las matemáticas y los números. Así pues, una vez llegaron a la cuota para el primer pogromo, no iban a matar ni a una persona más.

Bubbie dijo que sobrevivió a este primer pogromo porque no la dejaron volver a casa después del largo día en el campo de trigo y se encontró en el gueto equivocado. Una vez más, dijo con total naturalidad «Fue el destino».

Empezaron a salir del ático. Emergieron como esqueletos, apenas capaces de caminar, sin energía y severamente debilitados. Eran libres por el momento e inmediatamente empezaron a pasearse. Todas las casas estaban vacías. Todos buscaban algo o a alguien.

Bubbie pensó que era inútil tener la esperanza de que quizás alguien de su familia hubiese sobrevivido. Lo comprobó, pero lo encontró todo vacío. Popa y ella encontraron harina y la mezclaron con agua para hacer pan. Bubbie recordaba beber y tener diarrea después de haber pasado tanto tiempo con tan poca agua.

Los alemanes continuaron organizando los judíos que quedaban. Crearon un gueto más pequeño para los 7000 restantes.[3] Abrieron una cocina y les dieron algo de comida, como un procedimiento estándar, como si no acabase de ocurrir nada horrible. Seis días después de que acabase el primer pogromo, un número considerable de los judíos supervivientes acabaron sucumbiendo a la deshidratación.

El suegro de Rivka murió tan pronto como se tumbó después de salir del ático. Apenas había personas mayores o bebés vivos. Bubbie conocía a alguien que sabía el nombre del líder alemán a cargo de la operación que exterminó a tantos judíos inocentes. Le dijeron que era un ucraniano a quien llamaban «Iván el Terrible»

Los nazis trajeron la ropa de los judíos asesinados a una escuela, la «Escuela Roja» e hicieron que los que quedaban separasen las prendas.[4] Mi abuela estaba en este campo de trabajos forzados en lugar de en un campo de concentración. Esto le permitió evitar que la tatuasen, no como a tantos otros.

Mientras ordenaba la ropa, vio el jersey de Rivka. Sabía que era suyo porque Rivka lo había tejido ella misma en el primer gueto. Era rosa y lila y tenía un diseño elaborado con un cuadrado y una línea a cada lado. Al lado, Bubbie vio la única chaqueta plisada de su abuela. No lloró cuando vio las prendas, pues pensaba que su familia eran los afortunados. Ya estaban en paz, estaban en el cielo.

La familia de Bubbie murió durante el primer pogromo. Su hermana Nechamka, sin embargo, no estaba con la familia cuando también murió. Cuando tuvo lugar la redada, Nechamka estaba en casa de su primo Sania. Presas del pánico, el padre, madre, hermana y hermano de Sania y Nechamka se escondieron en una apertura cerca de los fogones. Todos murieron asfixiados.

Bubbie y Sania quedaron separados de sus familias. Sania obtuvo la información sobre sus muertos a través de alguien que conocían. Le dijeron donde podía encontrar sus cuerpos. Los alemanes les dieron permiso para buscar los cuerpos y cavar un agujero al lado de la casa para enterrarlos allí. Los dos cavaron durante horas, pero no pudieron encontrarlos. A los veintiún años, Nechamka era una estadística más entre los 19 000 que habían muerto inicialmente.

Bubbie ahora era una de las seis chicas que vivían juntas en un cubículo. Después de dos meses viviendo allí, el segundo pogromo empezó. Tomó dos pogromos más después del primero para eliminar los 26 000 judíos que vivían en total en la ciudad de Bubbie antes de la guerra. *Judenrein* o «limpio de judíos», el objetivo de los nazis, se hizo realidad.

---

1. https://www.jewishgen.org/Yizkor/Volodymyr_Volynskyy/volo22.html
2. *Idem*
3. *Idem*
4. *Idem*

11

UN NUEVO GUETO

Pero no se había terminado. Crearon otro gueto y una vez más los nazis separaron los judíos en zonas conocidas como el «gueto de vivos» y el «gueto de muertos».

Asignaron a mi abuela al gueto de muertos y ella recordaba que el apellido del líder alemán a cargo de su zona era algo como Westingheider. En este gueto, Bubbie vivía con otras cinco chicas en un pequeño cubículo: Popa Fine y Genia Seifert, además de Hanka, Tzipora y Batia (apellidos desconocidos). También me dijo que no había jardín y que ya no cantaba ni soñaba y que no había risas.

Para entonces, Bubbie había perdido toda esperanza de sobrevivir. Iba a trabajar cada día para los alemanes. Me contó que un día de alguna forma se cortó la ceja con el marco de una ventana y perdió bastante sangre. Los alemanes le permitieron dejar el trabajo y volver a casa en el gueto para curar la herida.

Bubbie conocía a una pareja asignada en el gueto de vivos y, esa noche, la mujer, llamada Hanka Oks, le pidió a Bubbie que fuese a su casa, pues sabía que estaba hambrienta y se las había apañado para hacer un poco de sopa. Como Bubbie no estaba en el trabajo ese día, fue a pasar la noche al otro gueto con la pareja.

En noviembre de 1942, dos meses después del primer pogromo, empezó el segundo.[1] En una mañana, todo el mundo en el gueto de los muertos fue extinguido en pocas horas. 8000 judíos, asesinados. Mil judíos, entre ellos Bubbie, quedaron con vida en el gueto de vivos. Bubbie dijo que, si no hubiese pasado la noche con amigos, la habrían capturado y matado como a algunas de sus compañeras. «Fue el destino», volvió a decir simplemente.

Después del segundo pogromo, los judíos restantes del gueto de vivos fueron trasladados a guetos aún más pequeños. Bubbie explicaba que vio a gente correr desnuda por las tumbas abiertas y que les dispararon con una metralleta. Oyó a un alemán presumiendo de que personalmente había matado a 10 000 judíos. Pensó en sus padres y sintió, de una forma solo posible por culpa de los horrores que había presenciado, alivio porque no hubiesen sobrevivido. No creía que su madre lo hubiese soportado si ella hubiese sobrevivido y sus hijas no. Bubbie dijo que la operación alemana se hacía con precisión e intensidad desalmadas.

Una de sus amigas le contó a Bubbie que había visto como los alemanes mataban a su familia en la fosa común. Con tal horror y depresión, su amiga les había suplicado a los nazis que le disparasen a ella también. Por lo visto, decidieron no hacerlo porque ya habían llegado a la cuota diaria de judíos asesinados.

Durante una de mis tantas conversaciones con Bubbie sobre los detalles de su supervivencia, hizo hincapié en que ella en un principio creía que en el segundo pogromo se habían asesinado a un total de 26 000 judíos. Después recordó que Popa la había corregido hacía años y le había dicho que realmente el número total era de 28 000 judíos asesinados.

Se ha documentado que entre el 1 y el 3 de septiembre, en Volodímir, los *Einsatzgruppen* fueron responsables del fusilamiento de 25 000 judíos de la zona local en Piatydnie. El 13 de noviembre de 1942, los alemanes mataron a otros 3000 judíos más de la ciudad cerca de Piatydnie.[2]

El zapatito marrón

Lejos de nuestra ciudad, en un lugar desierto, había dos fosas comunes en silencio. Las habían cavado antes los judíos, muchos de los cuales nunca habían cogido una pala. Sin embargo, bajo la mirada atenta de los alemanes, sudando y exhaustos, completaron el proyecto. Una gran tumba para meter 19 000 cuerpos y otra más pequeña para 6000.

Llegó el primer pogromo y 19 000 cuerpos estaban listos para llenar una tumba. Dos meses más tarde, el segundo pogromo produjo 6000 más. Hasta ese momento, el plan funcionaba. Todo estaba en silencio. Ya no se oían lamentos, lloros ni gemidos tumultuosos, como cuando saltaban dentro de las fosas para que los disparasen.

Pero algo iba mal. La sangre judía empezó a rebelarse. No había espacio suficiente, en esas tumbas abarrotadas. Empezó a brotar y emergió un «mar rojo». En ese momento solo quedaban mil judíos jóvenes en un pequeño gueto, los usaban para limpiar los trabajos sucios, por ejemplo, este. Equipados con palas, nos ordenaron erradicar ese lugar espeluznante, tapar y borrar cualquier prueba. No les preocupaba que fuésemos testigos, pues también a nosotros nos silenciarían al cabo de unos meses.

Mientras me acercaba a las fosas, un zapatito marrón me llamó la atención, aplastado por miles de pies. Toda la ropa de las víctimas, que llevaban hacía ya tiempo, la habían traído de vuelta al gueto para que nosotros la ordenásemos antes de que la enviasen a Alemania. Solo había quedado atrás un zapatito marrón de un niño de tres o cuatro años. La imagen de ese zapatito marrón me viene a la mente con frecuencia. Me gusta llamarlo el «pequeño monumento». El único monumento. - Mania Lichtenstein, septiembre de 1998

---

1. *Idem*
2. http://chelm.freeyellow.com/austila.html, http://chelm.freeyellow.com/piatydni.html

12

LOS MIL RESTANTES

Con solo mil judíos restantes, crearon otro gueto para la gente con oficios. Parecía que los nazis solo dejaban con vida a los que les podían ser útiles. En este gueto, los judíos estaban obligados a llevar con ellos un documento en todo momento. Si un judío no tenía el papel requerido donde ponía su oficio, se mantenía escondido. Bubbie no tenía.

Había un candelero que vivía en el gueto y que conocía a su padre. Recordó que antes de la guerra su padre le había hecho un favor y se ofreció a devolvérselo ayudando a Bubbie. Conocía a un hombre llamado Leon Hirschhorn, de Checoslovaquia, que tenía un papel extra. Habían disparado a su mujer por la calle porque había salido sin la identificación. El candelero se lo dio a Bubbie y ella estuvo muy agradecida por recibirlo, pues significaba la vida. Sin él, también le habrían disparado en algún momento. El papel describía su oficio como «trabajo en una tienda». El año de nacimiento de la mujer era el 1906, y como mi abuela era de aspecto tan frágil y aniñado, tuvo que borrar el 0 y escribir un 1 para que reflejase mejor su edad. Pero por ahora, Bubbie tenía el importantísimo *Ausweis* (papel de identificación) que finalmente ayudaría a salvarle la vida.

Este nuevo gueto se llamaba *Handwerker-Genossenschaft*, que significa «cooperativa de comerciantes». Albergaba unas quince mujeres jóvenes obligadas a trabajar para los soldados alemanes y sus novias polacas en el taller de tejido.

Los alemanes suministraban la lana que las mujeres tejían para hacerles gorros, manoplas y calcetines. Bubbie dijo: «Tejer y soñar despiertas combinaban muy bien y cada sueño que contábamos empezaba con "Si sobrevivimos..."». Todas pensaban mucho en comida, también. Bubbie decía que la gente decía «Si sobrevivo, me comeré un rosbif».

Pero mi abuela pensaba sobre todo en dulces. Pensaba que, si sobrevivía, comería tarta y mermelada. Incluso bromeaba con que, si se casaba, querría recibir un gran tarro de mermelada como dote y añadía «Saltaré dentro del tarro y viviré en él».

Su mejor comida llegó gracias a dos chicos que robaron una botella de aceite, y ella y las demás encontraron un tomate en el jardín. Se lo comieron todos juntos con un poco de sal y el aceite que habían traído los chicos. Dijo que era el sabor más celestial del mundo y que nunca jamás fue capaz de saborear nada tan maravilloso como ese único tomate durante el resto de su vida.

Fue durante esta época que Bubbie sintió un gran deseo de visitar el lugar donde antes estaba su casa de infancia. Poniendo en riesgo su vida, se aventuró allí. Como esperaba, ya no había nada salvo un montón de ladrillos, unas cuantas ollas rotas, uno de los calcetines de su padre y una de las hermosas zapatillas azules de Rivka.

Sin embargo, no importa la destrucción que se provoquen los humanos, dijo Bubbie: «La naturaleza no quiere tener nada que ver y sigue perpetuando su labor». Se fijó en que los alemanes no habían podido eliminar del todo lo que antes era su hermoso jardín, su «mágico país de ensueño». Los cerezos que su padre había cuidado durante tantos años todavía tenían los troncos cubiertos de la pintura blanca que usaba para evitar que se agrietasen y los árboles estaban en flor, como un desafío rosa y blanco que decía que la vida continuaría.

Bubbie describía la vida en este gueto como tranquila, excepto por algunos de los trabajos «sucios» que les obligaron a hacer, como quitar los escombros de una casa judía destruida. Una vez, se llevaron a Bubbie y a las demás a una tumba cubierta por una fina capa de tierra en la que se empezaban a descomponer los cuerpos.[1] La sangre empapaba la tierra y atraía lobos y perros salvajes. Les dieron palas a las chicas y les dijeron que cubriesen las tumbas con más barro.

«Cada vez que cavábamos» dijo, «aparecía una cabeza llena de cabello. Podía ser de nuestras madres o hermanas». Estaban como entumecidas para poder soportar un trabajo tan cruento.

Bubbie hizo esto durante exactamente un año, un mes y un día desde el segundo pogromo. Y precisamente en ese momento empezó el tercer pogromo, cuando los alemanes decidieron eliminar a los mil judíos restantes una mañana de diciembre de 1943.[2]

Era temprano y Bubbie y las otras se estaban preparando para la jornada. De repente, hubo caos por todos lados. Los alemanes y los ucranianos irrumpieron en el gueto disparando a cualquier cosa que se moviese. No tenían necesidad de buscar, pues todas las víctimas estaban allí mismo y cayeron directamente entre sus garras. Reunieron a todos los del gueto.

La gente corría por todos lados como ratones asustados. Mi abuela describió la escena como «hormigas en la nieve blanca» pues, aunque corrían, no había lugar para ocultarse y era imposible crear un escondite. Bubbie empezó a correr, como los demás, sin saber dónde ir.

Ella y unas cuantas más encontraron un pequeño cobertizo desierto, como en el que se guardaría madera, con muy poco espacio dentro. Todas se metieron ahí, apretadas las unas contra las otras, incapaces de mover los brazos o el cuerpo. Bubbie estimaba que había veinte personas allí dentro, incluida Popa, de quien Bubbie no se había separado desde el primer pogromo. Se quedaron de pie en ese cobertizo rezando en silencio por sus vidas. Se quedaron allí inmóviles todo el día sin comida ni agua, mientras escuchaban el horror de fuera a medida que los soldados seguían buscando a cualquiera para matarlo. Este era el último paso de los nazis para cumplir con su misión.

En medio de esa noche eterna, no había ningún sonido fuera. Era como si todo se hubiese detenido. El aire dentro del pequeño cobertizo era tan denso que, al rato, de su propia respiración, se formó humedad en el techo y empezó a gotearles encima. Se volvió físicamente insoportable seguir allí de pie.

Emocionalmente, nadie quería aceptar lo que sucedía. Sabían que tendrían que abandonar el cobertizo o probablemente morir allí dentro, así que decidieron marcharse. De forma unánime, decidieron escapar del cobertizo y arriesgarse a que las matasen. Corrieron fuera de dos en dos cada diez minutos. El gueto estaba vacío. Mi abuela dijo «solo los perros ladraban como locos». Corrió hacia fuera con Popa.

Incluso los guardas alemanes habían dejado el gueto desierto y las dos salieron a través de una apertura en la valla que otra persona había hecho. La oscuridad era total y todos los de la ciudad parecían estar dormidos.

Janina Zawadzka.

Bubbie no sabía dónde ir ni esconderse. Por suerte, Popa conocía a una mujer polaca llamada Janina Zawadzka que quizás estaba dispuesta a ayudarlas.

Antes de la guerra, esta mujer había recibido algunos objetos de valor de los padres de Popa a cambio de un escondite si jamás había necesidad. Vivía en las afueras de la ciudad.

Aproximadamente a las tres de la mañana, corrieron a su casa y llamaron a la puerta. Era una buena mujer con un gran corazón. Sabía lo que les estaba sucediendo a los judíos y estaba muy consternada por ello.

Janina Zawadzka.

Mi abuela dijo: «Sentía mucha lástima por nosotras y lloraba por lo que les estaban haciendo a los judíos. Era uno de los pocos polacos con corazón, por lo que a los judíos respectaba». Bubbie solía describir a los alemanes diciendo que querían dañar a los judíos, pero explicaba que los polacos y los ucranianos «metían el dedo en la llaga».

Sin embargo, Janina las dejó entrar y esconderse bajo las mantas de una pequeña cama en una pequeña habitación, porque no tenía un escondite de verdad para ellas. Sus vecinos empezaron a sospechar cuando se dieron cuenta de que siempre cerraba la puerta con llave y la cuestionaron sobre si escondía judíos o no.

Aunque era enero y el frío era duro debido a un severo invierno, Bubbie y Popa se trasladaron a los establos del exterior y se escondieron allí con los caballos. Bubbie dijo que, aunque el olor de la orina de los caballos era terrible, se consideraban afortunadas por haber encontrado refugio. Mi abuela escribió: «Debo decir que esta mujer era un ángel, su nombre era Janina Zawadzka, pobre y de salud débil, pero estaba dispuesta a compartir con nosotras la poca comida que tenía».

Janina, que había recibido a soldados alemanes y les había dado comida durante Navidad (se sentía mal porque tuviesen que pasar esos días lejos de sus familias) se fue poniendo de cada vez más nerviosa por estar escondiendo a Bubbie y Popa en su casa, y rezaba cada día para que los alemanes no las descubriesen.

Dos meses más tarde, cuando finalmente se había convertido en una carga demasiado pesada como para soportarla, ideó un plan para que un campesino que conocía se llevase a Bubbie y a Popa al bosque con su caballo y su carreta. Mi abuela dijo que Janina les dijo que las mandaba «al bosque» como en el cuento de *Hansel y Gretel*. Era arriesgado, pero no tenían más opción.

Janina le dio a un campesino partisano polaco que estaba estacionado cerca y en quien confiaba una botella de vodka para entregársela al guarda alemán a cambio de que dejase pasar a Bubbie y a Popa. Le pidió que dijese: «Hola, camarada, aquí tienes una botella de vodka, debes de estar helado» y la idea era que el guarda cogiese el vodka y no tuviese tiempo de preguntar quiénes eran las chicas antes de que pasasen. Fue cosa del destino una vez más, pues el guarda los dejó pasar y mi abuela dijo que «de repente se sintieron libres» y fuera de peligro.

Bubbie y Poppa se envolvieron con sus chales para esconder su identidad judía y mantenerse con calor y entonces se dirigieron al bosque. El camino hasta el bosque tomaba varias horas, mientras la carreta traqueteaba y patinaba en el hielo constantemente.

---

1. https://www.jewishgen.org/Yizkor/Volodymyr_Volynskyy/volo22.html
2. *Idem*

13

EN EL BOSQUE

A pesar de su recién conseguida libertad, la guerra todavía estaba en auge y no tenían radios para informarse de lo que sucedía. Bubbie y Popa fueron de casa en casa pidiéndoles ayuda a los polacos. Bubbie me dijo que el motivo por el que los polacos eran tolerantes con los judíos era que ellos mismos estaban en problemas con los alemanes. Los alemanes, al ser conscientes de dónde estaban los partisanos, los atacaban constantemente y los polacos se resistían con valor. También había mucho roce entre los polacos y los ucranianos, se atacaban y mataban los unos a los otros constantemente. Por todo esto, no tenían tiempo de preocuparse con los judíos.

Bubbie y Popa fueron de puerta en puerta buscando trabajo. Una vez tuvieron suerte cuando un hacendado polaco las contrató para tejer todo tipo de cosas para su hijo pequeño. Dormían sobre el suelo de paja y las alimentaban adecuadamente con «comida de verdad».

Se quedaron allí hasta que los alemanes llegaron con sus aviones y bombardearon los pueblos, pues estaban al tanto de los partisanos polacos. Así que Bubbie y Popa corrieron a lo más profundo del bosque para esconderse. También había muchos campesinos que corrieron al bosque a esconder su ganado porque sabían que los alemanes volverían a bombardear pronto.

Bubbie y Popa se reunieron con un grupo de judíos jóvenes que habían escapado de los guetos anteriormente. Entre ellos estaban los hermanos Joseph y Moishe Lichtenstein, que formaban parte de la resistencia partisana.

Joseph Lichtenstein (1946)

Moishe Lichtenstein (1946)

Los hermanos Lichtenstein eran de la ciudad natal de Bubbie y todos se conocían entre ellos, aunque no muy bien. Ahora, sin embargo, inmediatamente consideraron a los demás como su nueva «familia» y se mantenían juntos como un pequeño grupo.

Como tal, lo compartían todo y viajaron juntos hacia el este para evitar los alemanes. Si encontraban una patata, los cuatro la compartían. Crearon lazos como una familia porque ninguno de ellos tenía a nadie más y todos intentaban ayudarse a sobrevivir.

Al describir esta nueva alianza, mi abuela ni una sola vez se atribuyó crédito por una buena decisión. Nunca usó la palabra «yo». En su lugar, siempre decía «nosotros»: los cuatro eran un grupo, una nueva familia.

Para alguien que sabía hablar bien seis idiomas, su elección de palabras era consciente e intencionada, pues la habían criado para que fuese modesta, y realmente veía, apreciaba y valoraba a su nueva familia.

De vez en cuando, buscaban refugio y comida a cambio de trabajo y después volvían al bosque. Esto no duró mucho porque ya casi estaban en el frente y la artillería y los bombardeos se acercaban aterradoramente.

Después de sobrevivir a dos bombardeos con bajas, Bubbie, Popa, Joseph y Moishe siguieron juntos mientras escapaban de vuelta al bosque en un intento desesperado de poner tanta distancia como fuera posible entre el frente y ellos. Sabían que deberían arriesgarse pronto, pues no podían esconderse para siempre allí.

Conocieron a un hacendado ruso en el bosque que les dijo dónde estaban estacionados los rusos y les dijo que la única forma que tenían de sobrevivir era correr al lado ruso. El grupo partisano tenía rifles y dejaba a los judíos quedarse cerca. No los protegían activamente ni los querían allí, sin embargo, porque tenían «misiones más importantes».

Bubbie me decía que «el sonido de la guerra pisándonos los talones» se oía dondequiera que fuesen. Aunque no tenían radio, seguían averiguando información verídica a través de los rumores constantes.

Lo que descubrieron era alentador. Los rusos estaban haciendo retroceder a los alemanes hacia el oeste con éxito y recapturaban una ciudad tras la otra. Los alemanes «morían como moscas» por culpa el duro frío de invierno, pues no estaban bien equipados para soportarlo. El sufrimiento y la desilusión estaban minando la moral del ejército alemán y la derrota estaba a punto de llegar.

Cada vez que se acercaba un avión, Bubbie y sus amigos se camuflaban y se pegaban contra un pino. Un día, las suelas de los zapatos de mi abuela se partieron por la mitad, lo que dejó entrar agujas de pino y piedras en su zapato y la hirió. Joseph consiguió encontrar un trapo que ella se vendó alrededor del pie sangriento.

En general, cuando los rusos se encontraban con ellos, sentían el odio. Los rusos les decían lo enfadados que estaban con los judíos por lo terrible que era la guerra y les echaban la culpa a los judíos sin motivo.

Con la suerte de su parte, conocieron a otro representante del ejército ruso en el bosque que fue amable con ellos. Le dijo a Bubbie y a los otros donde estaban estacionados los rusos, lo que les ayudó a escapar. Bubbie, Popa, Joseph y Moishe aún estaban en el frente y los bombardeos eran de esperar, así que esta información les fue de ayuda para saber en qué dirección viajar con la esperanza de ponerse a seguro.

Cuando aún se estaban escondiendo, Moishe y unos cuantos amigos decidieron robar un caballo sin montura cada uno. Aunque Moishe no había montado a caballo en su vida, lo montó a pelo con sus amigos. Finalmente, los rusos pillaron a los chicos y los metieron en la cárcel. Un capitán ruso los soltó cuando descubrió que eran judíos como él. Advirtió a los chicos de que, si jamás los volvían a pillar haciendo algo similar, los colgarían.

Mi abuela escribió esto en polaco:

```
1944 (in the forest)

Czy to nie jest tragicznie, przy tak młodych latach, tak opuszczoną
być w życiu,
I czy nie strasznie być samą, samotną, pzechodzić dnie pełne goryczy.
Me dnie upływają jak statki po wodzie, ich sterem jest moja tęsknota,
I upływają tak szybko odemnie, lecz coż pozostaje - Tęsknota...
Z tą samą tęsknotą się budzę i kładę, z grymasem tym samym na ustach,
Z pytaniem tym samym "Gdzie wy jesteście?"
A izba jest pełna, lecz pusta.
A to w dodatku jest wiosna na dworze, jak wszystkie i ta, identyczna,
Jej wietrzyk mnie codzień przebudza, lecz poco?
Podziwiać jaka ona klasyczna.
O wiosno, nie mogę podziwiać twych wcięków, twoj zapach swierzutki
lecz ostry,
Gdyż co mnie najmilsze, wydarte zostało,
Kochani rodzice i siostry.

MANIA LICHTENSTEIN, 1944
```

1944
En el bosque
(versión original en polaco)

¿No es trágico a una edad tan temprana
quedarse sola en el mundo?
¿No es terrible quedarse sola,
sentirse sola y pasar mis días llenos de anhelos?
Mis días pasan como barcos sobre el agua,
su dirección son mis anhelos,
Y lo que se mueve lejos de mí rápidamente
y lo que queda
son anhelos.
Con los mismos anhelos
me levanto y me voy a la cama,
con la misma mueca en mis labios,
con la misma pregunta: ¿dónde estáis todos?
Y la habitación está llena
pero está vacía.
Además, fuera es primavera,
como todas las demás y esta es idéntica.
Cada día me despierta la suave brisa
pero ¿para qué?
Admiro lo clásica que es.
Primavera, no puedo admirar tu belleza
Ni tu olor fresco pero penetrante,
Porque todo lo que me resultaba bonito
me lo quitaron.
Mis queridos padres y hermanas.

Mania Lichtenstein

14

LIBERACIÓN

Los aviones alemanes volaban bajo por encima del bosque para poder ver lo que había en tierra. Bubbie y los demás estaban preocupados por si volvían pronto para erradicar toda la zona. Debían escapar con urgencia. Para hacerlo, tenían que cruzar el frente, donde nunca paraban los sonidos de la artillería. Se dividieron en grupos pequeños y caminaron, a veces hasta sesenta quilómetros por día. Con la información que el representante del ejército ruso les había dado, pudieron dirigirse hacia las ciudades recapturadas, alejándose del frente.

La verdad es que se liberaron a sí mismos. Les llevó unos cuantos días de caminar desde el bosque hasta llegar a una ciudad liberada, y ahora ocupada, por los rusos.[1] Esperaban que los recibieran con asombro como si «viniéramos del espacio exterior» me dijo Bubbie. En cambio, quedaron en shock al descubrir como de crueles y despiadados eran los rusos con los judíos. No les permitieron registrarse en ninguna de las regiones a manos de los rusos y se vieron obligados a seguir migrando de ciudad en ciudad. En cualquier caso, eran libres entre gente libre y esa sensación de libertad era palpable.

El terror persistente y las pesadillas de la guerra, sin embargo, seguían persiguiéndolos. Se alojaron en casas judías vacías y se aventuraron fuera en busca de comida y agua. La libertad que sentían era «poderosa», pero se veía manchada porque noche tras noche oían las bombas que explotaban y veían el cielo iluminándose como una bola de fuego. Cada noche, cuando oían las bombas, buscaban refugio en el sótano.

Una noche, una bomba cayó encima del edificio donde se alojaban y destrozó las plantas superiores, pero no el piso donde estaban ellos. De forma increíble, quedaron enterrados por escombros, pero ilesos. Gritaron y pidieron ayuda y finalmente los desenterraron. Una vez más, habían sobrevivido.

Dado el odio incesante que habían soportado por tanto tiempo como judíos, seguían huyendo, demasiado asustados como para quedarse en un sitio. Para más inri, no daban recursos para ayudar a los supervivientes judíos a reasentarse después del Holocausto.

De hecho, lo único que querían realmente era volver a casa. Bubbie no sabía cuánto tiempo le quedaba de vida, así que la palabra «mañana» no existía. Cada día simplemente «vivía ese día». Escribió: «Es increíble todo lo que damos por sentado: libertad, respeto, agua, comida, sueño…»

Ella y los demás siguieron al ejército ruso a medida que recapturaban ciudad tras ciudad. Volodímir-Volinski fue liberada el 20 de julio de 1944.[2] Cuando se enteraron, volvieron allí. Me dijo que no esperaba encontrar nada en particular pero que ya no tenían ningún otro lugar al que ir ni ningún propósito en la vida. Esperaban quizás encontrar un familiar vivo porque habían oído sobre otros que estaban encontrado a parientes.

Bubbie, sin embargo, sabía que toda su familia había muerto durante el primer pogromo. Ninguno de sus vecinos estaba vivo. Mi abuela estimaba que, de las 26 000 personas que antes vivían allí, quizás habían sobrevivido de quince a veinte jóvenes.

Cuando llegaron a la ciudad, vieron que los hogares judíos habían sido destrozados. Mientras deambulaban de calle en calle, recibían malas miradas de los polacos. Los consideraban una especie extinta y hacían comentarios denigrantes como «¡Cómo os atrevéis a volver!».

Mania y Joseph (1945).

Aun así, se quedaron en su ciudad, donde Bubbie y Joseph se casaron el 15 de octubre de 1944. Unos cuantos de los supervivientes asistieron a la pequeña ceremonia. Por mala suerte, los rusos se enteraron de la boda y exigieron el vodka y la novia.

Bubbie se pasó toda la noche encerrada en una habitación. Los despiadados rusos irrumpieron y se quedaron con una botella de vodka. A pesar de todo, Bubbie y Joseph se casaron igualmente.

---

1. *Idem*
2. https://www.yadvashem.org/untoldstories/database/index.asp?cid=1043

15

MI HOGAR

Muchos recuerdos se mezclan en mi mente y muchos escapan, hasta que un día vuelven a aparecer. A diferencia de mi mente, las palabras escritas jamás dejarán escapar los recuerdos. Últimamente pienso mucho en nuestra casa, en cómo era por ese entonces. Recuerdo cada habitación, las cosas que había y como mi familia vivía y soñaba en esa casa.

Soy la única que sobrevivió. En tres ocasiones me sentí que me llamaban a ese lugar fantasmagórico, quizás con tal de resucitarlo devolviéndolo a como era antes. No recuerdo como volví al lugar donde estaba nuestra casa. Un pogromo que les quitó la vida a 19 000 personas justo había acabado y por el momento solo había dejado a 7000. Abarrotados en un gueto más pequeño y sin libertad para abandonarlo, y sin embargo sin recuerdo de cómo había llegado a nuestro hogar de antes, no lo puedo explicar.

Entré en el terreno y encontré destrucción. Ya no había muebles y había objetos inidentificables desparramados por todos lados. Me entristeció solo por un instante. Después de todo, lo más importante se había ido para siempre. Mi motivo para ir era recoger algo de recuerdo, sobre todo fotografías. Sabía que debería encontrar alguna. Mi madre y mi hermana, Nechamka, eran entusiastas de sacar fotos. Por suerte para mí, no tenían ningún valor para los saqueadores.

Todas las fotografías estaban escondidas bajo una capa de tres centímetros de colorete. Desde el 1939 hasta el 1941 estuvimos bajo ocupación rusa y bajo su sistema no se permitía ninguna empresa privada. Antes de la liquidación de la farmacia de mi padre, conseguimos rescatar algunos productos como contenedores enormes de polvos, barras de jabón aromático y cosa así. Por cierto, estos fueron muy útiles cuando más adelante nos encarcelaron en el gueto. Las provisiones de comida escaseaban. Un polaco se acercaba a escondidas a la valla e intercambiaba unas cuantas patatas por una barra de jabón.

Las cajas de polvos destrozadas, probablemente por alguien en busca de algunos tesoros escondidos, cubrían todo el suelo de nuestro «salón», el tesoro de mi madre. De rodillas, con los dedos, peiné el polvo y me fui con muchas fotografías de mi familia. Se quedaron en los bolsillos a reventar de mi abrigo hasta que se descosieron.

Cuando de repente tuvo lugar el segundo pogromo, instintivamente corrí a esconderme, con solo el vestido que llevaba puesto. En ese momento, capturaron y encerraron a 6000 en la fosa común ya preparada. De los mil restantes se «ocuparon» un año más tarde.

Una vez más, por elección del destino, yo estaba entre los mil que quedaron vivos. Eran solo las personas con negocios, que metieron en un gueto aún más pequeño. ¿Qué derecho tenía yo a estar allí? La mayoría de tiempo estaba oculta, escondiéndome. Un año más tarde también erradicaron a esos. Cerraron el archivo del «Judenrein». Por fin Polonia quedó limpia de judíos.

Mientras todavía vivía en ese gueto, la necesidad de volver a visitar la visión de nuestro hogar no me dejaba tranquila. Arriesgado como era, fui. Mis ojos se encontraron con una escena completamente distinta. Vi ironía, pues la escena no la había creado la naturaleza, sino manos humanas.

Me sentí muy triste. La casa, como las casas vecinas, ya no estaba. Justo dónde había estado la nuestra, alguien se había divertido. Habían construido cuidadosamente un pequeño montón con los ladrillos que quedaban de la chimenea. Encima, habían colocado uno de los zapatos de mi padre, uno de sus calcetines, una olla con golpes y lo que más me dolió fue una de las zapatillas de mi hermana Rivka bien colgada de la valla que separaba el parque de la ciudad y nuestra propiedad. Solo quedaban nuestros tres pequeños cerezos en flor, como si proclamasen que, a pesar de todo, la vida sigue...

Volví al gueto, la «vida» seguía, hasta que llegó el esperado final. Una vez más, me salvé. Una vida de ocultarse, en un establo, luego en un bosque hasta que el ejército ruso recapturó nuestra ciudad. La libertad era agridulce.

En 1945 las cosas terminaron. Entre los pocos supervivientes, un primo mío apareció. Me informó que, entre la repentina emboscada de los alemanes, durante el primer pogromo, mi hermana Nechamka resultó estar en su casa al otro lado de la calle de la nuestra. En pánico, ella, su padre, su madre, su hermana y su hermano se escondieron en un lugar muy poco seguro donde los gases los asfixiaron. Cuando descubrieron los cuerpos se asumió que los habrían enterrado en un agujero cerca de nuestra casa. Decidimos excavar los cuerpos y darles un entierro como tocaba. No los encontramos.

Esta fue la tercera y última vez que visité ese lugar desamparado. Ahora, cuando pienso en nuestra casa, intento recordar con nostalgia todos los años buenos que pasamos allí. Me he quedado con muchos recuerdos. - Mania Lichtenstein, 2 de noviembre de 2003

16

EN BUSCA DE UN NUEVO HOGAR

Finalmente, dejaron su ciudad natal y fueron de ciudad en ciudad. Nadie quería, necesitaba ni aceptaba judíos. El antisemitismo seguía terroríficamente feroz y prevalente. No tenían hogar judío. No quedaba nada.

Bubbie recordaba escuchar que se proclamó que la Segunda Guerra Mundial había terminado el 8 de mayo de 1945. Fue como si otro sueño se hubiese hecho realidad: ¡estaban vivos y sin guerra!

A pesar de la declaración de paz, los tiempos eran nefastos para los supervivientes, pues no tenían nada y aún reinaba el caos. Supieron de un grupo organizado en la ciudad de Lodz que ayudaba a los supervivientes a recuperar algo de dignidad y dirección, así que se pusieron en marcha hacia allí. Muchos otros supervivientes también llegaban y buscaban asistencia sobre dónde ir y qué hacer.

Poco a poco, la vida se volvía un poco más llevadera. Podían ir al supermercado y comprar comida con unas cuantas monedas de oro que Moishe y Joseph habían recuperado cuando estaban en su ciudad. Usaban las monedas de oro para comprar comida para todos: el grupo entero. En ese momento, todo se hacía para el grupo. Por todo lo que habían pasado, adoptaron una actitud más de «nosotros» en vez de una perspectiva egoísta de «yo». Ya no los perseguían, los mataban de hambre ni los atrapaban en un gueto. La gente de la organización de Lodz les dijeron que alguien viajaba de Berlín a Palestina.

A Bubbie no le importaba particularmente donde fuesen, pues ya no tenía sentimientos, sueños ni deseos. No le importaba donde se mudasen mientras fuese un lugar seguro al que pudiesen llamar «hogar». Su decisión no se basaría en un buen clima ni un lugar donde pudiesen ganarse de vida, sino que irían donde los dejasen entrar. Se negaban, sin embargo, a quedarse en la Europa bañada en sangre, una región bañada en su propia sangre y la de su familia y amigos. No era una opción. No «pisarían la sangre».

Se pusieron en contacto con la Administración de las Naciones Unidas para el Auxilio y la Rehabilitación (UNRRA) y oyeron hablar de una *aliyá*, que significa «ascenso» y se refiere a los judíos que inmigran a la tierra de Israel. Decidieron ir a Palestina (Israel aún no existía) porque esta era su tierra natal.

El primer grupo de supervivientes del Holocausto judíos, entre ellos mi abuela y su familia, quería ir a Palestina, pero los rechazaron. Después intentaron ir a Chipre, pero ese intento también fracasó.

Al final, se vieron obligados a volver a Europa del este, donde las cosas volvían lentamente a algo parecido a la normalidad. Bubbie, Joseph y Moishe iban al cine, al teatro y a la ópera. Eran jóvenes y tenían su juventud. «Como un capullo de rosa» dijo Bubbie, «primero está el tallo y después florece totalmente».

El sol volvía a brillar después de una pesadilla horrible que parecía que no iba a acabar nunca y, aunque se quedaron en tierra alemana, los alemanes no sabían que eran judíos a menos que se lo dijesen. Los refugiados hablaban alemán, leían libros en alemán y por lo demás los dejaban en paz, pues la gente asumía que eran alemanes.

Joseph y Moishe Lichtenstein (1946).

Después de la guerra, Bubbie y Genia Seifert reconectaron en su ciudad natal y más tarde de nuevo en un campo de personas desplazadas llamado Eshvegen, que estaba cerca de Frankfurt. En ese momento, mi abuela estaba embarazada con mi madre. Esta foto es de más o menos esta época (hombre y perro desconocidos).

Mi abuela escribió a mano esta postal en polaco a Genia, que se traduce a: «Querida Genia, te doy esta foto para que nunca te olvides de la camaradería y el compañerismo surgidos de nuestras dificultades. Mania».

Se quedaron en Berlín los nueve meses siguientes y después se fueron a un campo de refugiados llamado Kibbutz Baderach junto con muchos otros supervivientes judíos. Aquí es donde nació mi madre, Guta.

La cuarta persona por la izquierda es Joseph, que mira a Bubbie.

17

EUROPA BAÑADA EN SANGRE QUEDA ATRÁS

Unos cuantos amigos se enteraron del nacimiento de mi madre y vinieron a ver a la recién nacida en Kibbutz Baderach. Estos amigos convencieron a Bubbie y Joseph de que se mudasen a Hamburgo, diciéndoles que allí la vida era tranquila y que nadie les molestaba. Como no tenían ningún otro lugar al que ir y les caía bien esta pareja, Bubbie y Joseph aceptaron y se mudaron allí.

A lo largo de los años siguientes, se aclimataron a la vida en Hamburgo. Mi madre iba a la escuela y aprendía alemán. Aun así, no podían quedarse donde «la tierra estaba bañada en sangre». Querían asentarse en algún otro lugar con su bebé y consideraron una serie de países distintos y se informaron sobre ellos en campos de personas desplazadas. También sabían de gente que inmigraban a Australia, Canadá y otras destinaciones.

La madre de Adena nació en un campo de personas desplazadas el 22 de julio de 1946.

Sueños

Como anhelo ver mi hogar,
Más allá del océano, muy muy lejos de aquí,
Un hogar que fue destruido con todos los que allí vivían,
Un hogar antes alegre y feliz.
Un hogar que ahora solo existe en sueños
Que me dejan cruzar el umbral
Y pasear de habitación en habitación con sus recuerdos
De los años pasados tanto tiempo atrás.
Los sueños que me dejan ver caras queridas,
Y escuchar sus voces,
Fingir que todo es como antes,
Y que no falta nada, como entonces.
Me gustaría tanto estar en casa una vez más...
Solo tú en mis sueños puedes abrir la puerta de ese lugar.

Mania Lichtenstein, 1995

La madre de Adena con sus padres, después de la guerra.

Hace poco descubrí esta foto de Bubbie y mi madre caminando por Berlín después de la guerra. Al estudiarla, me choca la sensación de normalidad que parece transmitir. Cuando sabes todo lo que las trajo a Berlín, «normal» es la última palabra que usarías.

Bubbie y la madre de Adena caminando por Berlín tras la guerra.

18

TRASLADO A UN NUEVO PAÍS

Los amigos de Bubbie de uno de los campos de personas desplazadas, Golde y Misha Zeidman, habían inmigrado a Canadá. Entonces fingieron ser primos de Bubbie, Joseph y Moishe y le dieron una garantía al consulado de Canadá de que los apoyarían y se harían cargo de ellos. Juntos, Bubbie, Joseph, Moishe y Guta, inmigraron en barco a Canadá y finalmente llegaron a Montreal el 5 de agosto de 1951.

El viaje transatlántico les llevó casi dos semanas durante las cuales todo el mundo enfermó excepto Bubbie, pues «debía cuidar de su hija».

En el barco hacia Montreal. Bubbie y la madre de Adena están sentadas a la derecha del todo.

Otra familia, los Minzberg, que habían emigrado de Europa antes, les permitieron a los cuatro hospedarse con ellos durante unas dos semanas. Aunque no tenían nada, ahorraban tanto como podían, pues sabían que habría un mañana. Ahorraban cada centavo y pronto muchos refugiados como mi abuela tenían suficiente para alquilar un apartamento. Los cuatro finalmente pudieron tener su propio piso, un tríplex en Outremont, un vecindario residencial de Montreal.

Bubbie no trabajaba fuera de casa. Para que lo considerasen un hombre respetable, Joseph insistió en que Bubbie se quedase en casa y criase a su primera hija, mi madre Guta. A mi madre, por cierto, le pusieron el nombre por sus madres, que se llamaban Gitel, y la abuela de su padre, pronunciado Oodle, aunque ella más adelante se cambió el nombre a Jeanie, pues sentía que Guta sonaba demasiado alemán.

Moishe conocía a alguien que trabajaba para un mayorista. Esta persona había emigrado de Polonia antes de la guerra y ayudó a

Moishe a encontrar trabajo como transportista. Joseph todavía no trabajaba. Más adelante, Moishe encontró otro trabajo y le cedió a Joseph el suyo. Muchos inmigrantes encontraban trabajo así, porque conocían a alguien que conocía a alguien. El empleo muchas veces se conseguía con conexiones y amistades.

La vida normal, por lo menos tan normal como podía ser, comenzó. Bubbie, sin embargo, la describió de forma distinta, dijo que «la gente vivía en un estado comatoso». Nadie quería hablar sobre la guerra ni sobre como habían sobrevivido, era un libro cerrado. Todo el mundo quería seguir viviendo y ya.

Mania, Joseph y Moishe (1945)

A lo largo de los años, Moishe y Joseph se metieron en varios negocios pequeños. Eran jóvenes, salvajes y extremadamente inteligentes. Moishe era autodidacta, había aprendido en la calle, tenía buen corazón y era de buena naturaleza. Todos vivían en un bloque de apartamentos en el bulevar Saint Joseph, 403, en Montreal. Consideraban que su apartamento en la última planta era lujoso, pues cada uno tenía su propia habitación. Conocían las otras familias que vivían en el mismo piso y muchas veces quedaban para socializar y jugar a cartas.

En un momento, otro de los huéspedes, Álex K., y Moishe, abrieron un negocio de sombreros. Compraron cajas y más cajas de sombreros, que guardaban en el cuarto de Moishe. Mi madre me dijo que, de niña, se lo pasaba en grande jugando a disfraces probándose todos los sombreros, sobre todo los de Pascua.

Bubbie y Joseph tuvieron una segunda hija unos cinco años después de mudarse a Montreal. Mi tía Brenda recibió el nombre por la hermanita de Joseph y Moishe, Branshile en yidis.

Fue por esta época que Moishe abrió su primer restaurante. A mi madre le recordaba a una especie de bar rural del oeste. Moishe tenía una oficina en el primer piso desde la que podía observar el restaurante. Más adelante abrió otro en otra parte de la ciudad. Una vez le preguntaron por qué abrió un restaurante durante un momento tan duro y su respuesta fue que «la gente tenía que comer». Tenía una gran personalidad y los otros se sentían naturalmente atraídos hacia él. Se le consideraba extremadamente pragmático y la gente solía ir a él en busca de consejo.

Montreal era una provincia católica y era difícil obtener una licencia para vender licor, pero Moishe la consiguió de alguna forma. Llamó su nuevo restaurante Mo-Li (por Morris / Moishe / Monique Lichtenstein). Aprendió que el dinero no estaba en la comida, sino en el alcohol. Moishe una vez le contó a mi madre que se expandieron los rumores sobre cómo había obtenido una licencia de licor y algunas personas pensaban que tenía conexiones con la mafia. Le dijo a mi madre que no era cierto y nunca volvieron a hablar de ello. A lo largo de los años, tuvo varios restaurantes, todos llamados Mo-Li. La primera camarera que contrató fue una mujer francocanadiense de ascendencia italiana llamada Colette Ruth Manelli.

Cuando Brenda tenía tres años y medio y Jeanie, Guta, trece, Joseph murió de leucemia después de seis años enfermo. Inicialmente, el doctor llamó a Moishe y le explicó la diagnosis de Joseph y que no había cura. Ni el doctor ni Moishe se lo contaron a Joseph ni a mi abuela. Solo dos años más tarde Moishe le dijo a Bubbie el diagnóstico de Joseph.

Cuando Joseph se estaba muriendo, le pidió a Moishe que cuidase de su mujer y sus hijas, cosa que hizo fielmente. Moishe se tomó esta responsabilidad muy en serio e hizo más de lo que la mayoría de los padres hacen por sus propios hijos, emocional y financieramente.

Bubbie entonces tuvo que ponerse a ganar dinero para sus dos niñas y un amigo de la familia que vivía en la planta de abajo le recomendó que se hiciese contable, así que volvió al colegio a estudiar. Durante los exámenes finales, Brenda enfermó y mi abuela no pudo hacer los exámenes.

A pesar de este contratiempo, la contrataron como contable en la empresa donde antes trabajaba su marido Joseph. Más tarde trabajó para otra empresa que hacía productos de invierno, como sombreros.

En 1967, mi madre y mi padre se casaron. Moishe tomó el papel de padre en la boda.

La madre de Adena y Moishe bailando en su boda.

Al final de la recepción, con solo la familia cercana presente, Moishe anunció que planeaba casarse con Colette. Mi abuela más tarde descubrió que Moishe había esperado porque mi padre era de familia ortodoxa y le preocupaba que no le permitiesen casarse con mi madre si Moishe se casaba con alguien convertido al judaísmo. Así que, una vez mi madre se hubo casado, Moishe anunció que tenía intención de casarse con Colette, cosa que hizo dos meses más tarde, el 20 de agosto de 1967, en su cumpleaños.

Aunque Moishe y Colette querían hijos propios, nunca tuvieron. La mayoría de los miembros de la familia creían que era porque no podían concebir. Yo crecí con la impresión de que era porque Moishe le había prometido a Joseph que cuidaría de su familia, así que tener hijos propios habría sido una distracción de este compromiso.

En 1970, mi padre y mi madre se mudaron a Baltimore, Maryland, para que mi padre pudiese hacer unas prácticas de un año como dentista. Yo nací allí en abril de 1971 y Moishe voló a Maryland por un día para verme. Bubbie y Brenda también vinieron y pasaron la noche.

Como nota aparte, recuerdo oír que Moishe conoció a un hombre que conocía a su familia antes de la guerra. Moishe le preguntó si sabía qué les había ocurrido a sus padres y su hermana pequeña. El hombre le dijo que había visto como un nazi con una pistola los guiaba por una calle y les disparaba.

Tengo recuerdos maravillosos de visitar a mi tío Moishe en Montreal. En su casa en Laval, tenía un bar en el sótano. Recuerdo que nos sentaba a mí y a mi hermana en los taburetes y actuaba como nuestro camarero preguntándonos qué queríamos beber. Nos ofrecía «champán», que nos parecía muy extravagante, y nos servía una sustancia de color claro en flautas de champán. Claro está, ¡nos encantaba! ¿A qué niño no le habría gustado, si era *ginger ale* y no lo sabíamos?

En algún momento a principios de los ochenta mis padres recibieron una llamada de Moishe temprano por la mañana para decirles que lo habían seleccionado para ir al concurso de televisión *The Price is Right*. Resultaba que él y Colette iban de camino a Hawái y tenían una parada en Los Ángeles. A Colette le encantaba el concurso y había solicitado entradas. Mientras esperaban para entrar, según Moishe, los productores se pasearon por la fila de asistentes para seleccionar quienes querían que fuesen concursantes del programa. Le preguntaron el nombre a mi tío y él dijo: «Mira, podéis llamarme Moishe, podéis llamarme Morris, podéis llamarme Monique, ¡pero llamadme!».

Así pues, lo llamaron y lo seleccionaron para jugar un juego de golf. Aunque no había cogido un palo en su vida, golpeó, la pelota entró en el hoyo y ganó un Porsche. Terminó yendo al *Showcase Showdown*, la fase final del concurso y, aunque no ganó, ¡pudo irse montado en su Porsche nuevo! Como he dicho antes, era una persona divertida que hacía que la gente quisiese estar cerca suyo.

En algún momento durante el instituto, me di cuenta de que Moishe no era mi tío sino mi tío abuelo. Me pareció raro por lo profundamente involucrado que estaba en mi vida. Jamás habría pensado que un tío abuelo haría tal esfuerzo. En mi boda, caminó hasta el altar con mi abuela como habría hecho mi abuelo.

Bubbie y Moishe en la boda de Adena, 2002.

19

MI EXTRAÑO DÍA DE BODA

Adena y Bubbie (2002)

Mi abuela escribió este hermoso texto antes de mi boda:

El 13 de enero de 2002, estuve presente en la despedida de soltera de mi nieta Adena. Nunca antes había asistido a una, fue preciosa y divertida. Lo que más me llamó la atención mientras observaba a los asistentes fue su humor y sus formas ligeras y despreocupadas. Carcajadas continuas y espontáneas llenaban la habitación. Fue maravilloso. Me hizo pensar en lo distintos que éramos en mi generación.

Recé en silencio para que nunca tuviesen que experimentar los tiempos difíciles y que supieran apreciar lo que tienen ahora. Mientras jugaban a juegos, todos relacionados con el matrimonio, mis pensamientos vagaban de vuelta a mi propio extraño «gran evento». Puedo llamarlo extraño, pero no grande.

Cuando todos se fueron, solo quedaba la familia. Nos sentamos alrededor de la mesa de la cocina para disfrutar del postre. Tenía la mente llena de reminiscencia y quería compartirlo con ellos, pero no parecía el momento adecuado, había demasiado júbilo y distracciones. Como siempre, cuando no puedo hablar, me pongo a escribir. Gracias a mi asombrosa máquina, todavía puedo hacerlo. Aquí está mi historia, que quiero contar desesperadamente.

La fecha de nuestra boda era el 15 de octubre de 1944. La guerra aún no había terminado pero el ejército ruso, finalmente en la ofensiva, reclamaron nuestra ciudad de los alemanes y la liberaron. Emergiendo de los agujeros en los que nos escondíamos, surgimos los supervivientes. Libres para existir, un milagro increíble.

Había muy pocos supervivientes, solo jóvenes. No poseíamos absolutamente nada, ni siquiera una foto de las familias o documentos. No había problema para encontrar un lugar para vivir. Había miles de casas vacías cuyos propietarios sabíamos que no podrían volver jamás. Habían robado todo lo de dentro de las casas hacía mucho tiempo. Quedaban el techo y las cuatro paredes y eso era suficiente, cualquier cosa era mejor de lo que teníamos durante los años anteriores. Lo principal era que ya no nos cazaban y que éramos libres y estábamos vivos.

El que sería mi marido, mucho más mañoso que yo, consiguió producir algunas necesidades básicas para mí y para otros. No hizo falta pedida de mano, «vivir en pecado» no era común y fijamos la fecha de la boda. La lista de invitados era de seis: marido y mujer, el tío Moishe, mi amiga Sue y una pareja mayor que no conocíamos de antes. Aunque quisiésemos, no podíamos conseguir más invitados. No todos los que sobrevivieron volvieron a la vez.

A punto de ser una novia, necesitaba un vestido bonito y «nuevo». Mi armario consistía solo en lo que llevaba puesto. La vida aún estaba estancada. No podíamos comprar ni obtener nada hasta que nuestro mercado se volvió un lugar de negocios vital. Después de una larga guerra y con necesidad de cosas y dinero, allí era donde debíamos ir. Vendían ropa vieja y otras cosas. La gente podía comprar producto fresco que los granjeros proveían en grandes cantidades. Había fruta, huevos y productos lácteos; productos que casi habíamos olvidado que existían.

Me puse en marcha hacia el mercado para comprar mi vestido de boda de segunda mano. Tuve suerte. El vestido que encontré era azul marino con florecillas de fieltro alrededor del cuello. Me iba más o menos bien y eso tenía que ser suficiente. Ya tenía dos pares de zapatos marrones y pude darle o dejarle uno a mi amiga Sue, que no tenía ninguno, para que ella también fuese decente para la boda. Las cosas iban bien hasta que esa pareja en nuestra lista de invitados nos preguntó «¿Quién te acompaña al altar?». No había padres, tíos o tías con vida. Todos habían sido asesinados. No quedaba más opción que cederle el papel a esta pareja. Era su segundo matrimonio, cosa que iba contra la ley judía.

La vida estaba patas arribas y teníamos que hacer excepciones. La mujer nos preparó un bizcocho porque sabía cómo hacerlo. Conseguimos una botella de vodka, el menú estaba listo. Quedaba una cuestión: encontrar a alguien que pudiese bendecirnos con la jupá kedoshim. Nuestro rabino había sido asesinado con los demás.

Un hombre desconocido con una barba larga y pelirroja nos aseguró que era la persona adecuada para hacer de rabino y casarnos. ¡Aleluya! Estábamos casados. El «evento» tuvo lugar y era momento de relajarse, comer un trozo de bizcocho y tomar algo de schnapps con un «¡L'Chaim!», pero no fue como habíamos planeado. Una reserva de soldados rusos estaba estacionada en nuestra ciudad. No teníamos ni idea de cómo se enteraron de nuestra fiesta.

Ya borrachos como cubas, irrumpieron por la puerta y se acabaron el vodka en su estupor bebido. Demandaron que les dijésemos quien era la novia. ¿Cómo podrían haber reconocido quién debía de ser, con su vestido azul marino?

Mi marido me llevó a otra habitación con rapidez. Encarcelada en una habitación cerrada en mi gran día. Muerta de miedo, pues no paraban de golpear la puerta, instándome a salir. Borrachos hasta el agotamiento, *finalmente se fueron y volví a estar liberada. Terminó esa tragicomedia de boda.*

Estuve casada durante solo dieciséis años, hasta que terminó trágicamente. Pero por el lado positivo, como un fénix que resurge de las cenizas, vinieron dos hijas queridas y, por lo tanto, cinco maravillosas nietas especiales que son las niñas de mis ojos. Espero con ganas sus bodas, que obviamente serán muy distintas de la mía. - Mania Lichtenstein, 16 de enero de 2002

Bubbie muchas veces parecía estar dividida entre dos realidades: su propio pasado y el presente de su familia, sobre todo el mío, quizás porque era la nieta mayor. Sé lo feliz que estuvo de venir a mi boda, pero es obvio por sus escritos que le trajo recuerdos de su experiencia inesperada en la suya propia. Tuvo el valor de estar presente por mí y formar parte en la celebración alegre, pero aun así luchaba contra los flashbacks de su pasado. Esto es realmente un testamento de su fuerza y su gracia.

Fui la primera de sus nietas en quedarse embarazada y estoy segura de que podéis imaginar la sorpresa y la emoción cuando supo que iba a tener gemelos. Esto, junto con que tuviese un niño, el primero en tres generaciones, era muy emocionante para ella. Nos escribió esto:

Que este árbol siempre sea sano y fuerte

Para Adena y Brad, Sarah y Zachari.
Dos «árboles genealógicos» con dos nombres distintos,
Crecieron separados el uno del otro.
Nunca imaginamos que unir sus ramas
Podría alegrarnos a todos nosotros.
Tratados con amor y gran cariño.
La forma en que los árboles parecen florecer y esforzarse,
En sus ramas, con razón,
Aparecieron dos flores,
Anunciando que gran felicidad iba a presentarse.
Y ahora estas flores y ramas,
Se unen a este árbol fabuloso,
Para añadir más orgullo y alegría,
Y júbilo maravilloso.

Mania Lichtenstein, 19 de enero de 2004

20

JUSTOS ENTRE LAS NACIONES

Cuando las organizaciones locales me piden que hable sobre la historia de mi abuela, me preguntan mucho por Popa. Desafortunadamente, no sé mucho sobre ella. Sí sé que ella y mi abuela escaparon del gueto final a la casa de Janina Zawadzka. Desde allí, viajaron al bosque donde finalmente fueron liberadas. Cuando mi abuela se mudó a Montreal, Popa se fue a Nueva York. Tuvo dos hijas y ya ha fallecido.

Desde que me embarqué en la labor de escribir este libro, he nominado a Janina Zawadzka para que la tuviesen en consideración para los Justos entre las Naciones, una lista que usa el estado de Israel para honrar a los no judíos que arriesgaron sus propias vidas durante el Holocausto para salvar a judíos de ser exterminados por los nazis.

En el transcurso de varios meses, completé y presenté la nominación de Janina Zawadza, pues fue una defensora de los indefensos y protectora de los desesperados. Arriesgó su vida para ayudar a salvar a Bubbie y a Popa. Recibí la respuesta de Yad Vashem el julio de 2019 indicándome que una de las labores principales de Yad Vashem es mostrar la gratitud de la gente judía hacia los no judíos que pusieron sus vidas en riesgo para salvar a los judíos durante el Holocausto. La comisión, que designa el título de Justo, está liderada por un juez del Tribunal Supremo y opera según unos criterios y normas claros. Cada caso se investiga meticulosamente y debe sustanciarse con pruebas que establezcan los esfuerzos para el rescate y las circunstancias. Uno de los requisitos básicos es tener testigos de los supervivientes o personas a quienes ayudasen que describan las circunstancias del rescate y la naturaleza de la ayuda que ofrecieron. La comisión entonces examina si la ayuda sigue el criterio para que entreguen el título. Me han pedido que sea paciente, pues el proceso puede tardar muchos meses.

Adicionalmente, mi conexión con Genia Seifert, la mujer que vivió en el gueto con mi abuela, llevó a otra nominación de la mujer polaca que la salvó: Maria Domovsky. Ahora también la han nominado para que la incluyan en la lista de Justos entre las Naciones.

Mi abuela dijo que esta guerra no es fácil de olvidar. Los supervivientes siguen con sus vidas y fingen ser personas normales, pero, desafortunadamente, no lo son.

Escribió: «¿Cómo puede alguien olvidar toda esta sangre?». Una amiga suya, también superviviente, le dijo «¿Te das cuenta de que somos incapaces de reír?». Mi abuela confirmó que esto era cierto. Continuó diciendo que, a parte del dolor de perderlo todo, también hay un enorme sentimiento de vergüenza. Dijo «Es una cosa morir en una guerra y otra que te masacren como a ovejas. El ego sufre». Y esta era la mentalidad de los judíos de Europa del este, siempre asustados, siempre víctimas.

Así, ¿cómo sobrevivió mi Bubbie? Ella sentía que había sobrevivido gracias al destino. Una vez escribió «Siempre me viene la misma pregunta irritante: "¿por qué me salvé?". Cada vez que me encontraba en una situación de vida o muerte, una mano invisible me ponía fuera de peligro. Mis pensamientos y mis acciones no tuvieron nada que ver con ello, me guio el destino».

También escribió «Se puede ver claramente que el destino me hizo evitar todas esas situaciones desastrosas. Yo y los otros supervivientes estábamos predestinados a sobrevivir para que pudiésemos recordar al mundo las atrocidades cometidas y también explicar que una vez existió en Europa una rica cultura y vida judía, que fue extinguida por la locura de un hombre».

Pero conociendo su historia y al leer sus escritos, no fue todo pura suerte o milagros. Mi Bubbie era muy ingeniosa y encontraba formas de escaparse de situaciones horribles. Aunque admitía que era la más inocente y la pequeña de su familia, era lo suficientemente perspicaz para pensar en personas a las que acudir, recursos que usar y estrategias que utilizar.

Era una época desesperada y, a grandes males, grandes remedios y, aunque la suerte y el destino pudiesen haber estado de su parte, también tomó decisiones cuidadas y acertadas que resultaron beneficiarla enormemente. Dijo «En mi infortunio, fui muy afortunada».

Sus experiencias afectaron a sus hijas y, como resultado, nunca se sintieron como los demás. Se dieron cuenta de la falta de primos, tías y tíos, y mi abuela no tenía una explicación fácil de por qué no existían estos parientes.

Bubbie me dijo que lo que había vivido y sufrido le hacía apreciar lo que tiene, incluso las cosas insignificantes. Su consejo para las generaciones venideras es atesorar la familia, vivir en harmonía y respetarse los unos a los otros. Tener un vestido menos no es importante. En su lugar, lo importante es tener un techo sobre tu cabeza y poder comer. Apreciad lo que tenéis.

Durante la mayoría de mi vida profesional, me he visto involucrada en la fiscalía criminal trabajando para el gobierno. Trabajo para una de las mayores fiscalías del país. Aunque he trabajado en muchas agencias de mi oficina, la mayoría de mi trabajo ha involucrado crímenes con víctimas. He encontrado que esta cita de Elie Wiesel es aplicable no solo a mi trabajo como fiscal, sino a algo en lo que me he centrado en la clase de Estudios del Holocausto de la escuela dominical para primero de la ESO del templo Solel en Paradise Valley, Arizona. Debemos dar siempre un paso *al frente*, no un paso *al lado*. Con esto quiero decir que debemos enfrentarnos a la injusticia y usar nuestras voces. Debemos defender a los indefensos y proteger a los desesperados.

> We must always take sides.
> Neutrality helps the oppressor,
> never the victim.
> Silence encourages the tormentor,
> never the tormented.
> - Elie Wiesel

«Debemos tomar partido. La neutralidad ayuda al opresor, nunca a la víctima. El silencio ayuda a quien atormenta, nunca al atormentado».

Para mí es igual de importante la labor de continuar con las tradiciones de mis ancestros. Mis tres hijos llevan nombres de los que ya se han ido. En sus ceremonias del nombre, y de nuevo en sus *bar* y *bat mitzvás*, hablamos de quienes eran estas personas y la influencia que tuvieron en su padre y en mí. En cada uno de sus *bar* y *bat mitzvás*, rezamos para que nuestros hijos tuvieran vidas largas llenas de paz, salud, muchas risas, felicidad y propósitos, rodeados de familia, amigos y comunidad. Asimismo, hablamos de la promesa que mantienen los niños, una llena de valores y tradiciones de todos los que vinieron antes que nosotros, a quienes apreciamos y respetamos, como encender los candelabros cada viernes por la noche para recibir el *Sabbat*.

Como madre, tengo la esperanza de que los valores y las tradiciones de los abuelos de mis hijos, y sus padres, y sus padres antes de ellos, los guíen a lo largo de sus vidas. Valores de familia, comunidad, vivir una vida con propósito y dignidad, realizar buenas acciones o *mitzvot*. Como el acto de la abuela de mi abuela de darle su pepinillo con la esperanza de que la alimentase unos días más, difundimos nuestro amor apoyándonos los unos a los otros, compartiendo historias de la familia y estando allí para los demás.

Conocer los detalles de la historia de supervivencia de mi abuela no fue fácil. Evocó muchas emociones: pérdida, miedo, horror, tragedia y muchas otras. Bubbie me dijo que contar su historia definitivamente no fue un placer, pero sentía que era su labor, y yo también siento que es la mía.

21

MÁS ESCRITOS DE MANIA

Reflexiones tiernas en días oscuros

Esta hoja de papel delante de mí, boli en mano, la lupa para baja visión en marcha y estoy lista para abrir mi corazón. Sin embargo, me paro y reflexiono, ¿debería hacerlo? Tantas veces antes me han preguntado, con aire crítico «¿Por qué escribes, por qué vives en el pasado?». El siguiente ejemplo quizás responderá a esta pregunta.

Como una presa abierta suelta agua a borbotones, lo mismo hace mi mente: después de años de recuerdos reprimidos, deja sueltos muchos pensamientos imposibles de olvidar. ¡Sí! Seguiré escribiendo tanto tiempo como pueda. Lo que me empujó a escribir esta vez fueron dos incidentes, que a día de hoy hacen que se me llenen los ojos de lágrimas cuando pienso en ellos.

Uno está relacionado con mi abuela, el otro con un noble señor mayor. Después de más de un año tras las vallas, en el gueto llegamos al límite de nuestra resistencia y nuestras reservas de comida. No había nuevas fuentes. Todo el mundo estaba hambriento.

Durante los últimos tres días antes de empezar el exterminio, tuvo lugar una selección de cientos de mujeres jóvenes. Yo y las demás debíamos cosechar el campo. Un trabajo tan ajeno a nosotras, lo aprendimos rápidamente, a causa del látigo rápido del supervisor alemán.

El tercer día, antes de marcharme al trabajo, mi abuela, a quien quería mucho, me dio un pequeño y agrio pepinillo que alguien le había dado. Sabía que no podía llevarme nada más conmigo. Insistió en que lo cogiera. Me emocionó mucho, pues me di cuenta de que ella también estaba hambrienta. Uno diría «Qué chorrada, ¡un pepinillo!» un minúsculo, diminuto pepinillo podía saber tan bien si no había nada más disponible. Para mí, ese acto abnegado fue una prueba de su amor por mí. Lo recuerdo con ternura.

No volvería a verla jamás, ni a ningún otro miembro de mi familia. Había empezado nuestro apocalipsis. Después de que terminase el tercer día de trabajo, nos llevaron de vuelta a uno de los dos guetos que había. No era en el que vivía mi familia. Me prohibieron cruzar a nuestro gueto, así que tuve que encontrar refugio para la noche con la familia política de mi hermana.

Al día siguiente a las seis de la mañana, comenzó el primer pogromo, que duró quince días. Atrapados por la emboscada repentina, todos los del edificio corrimos a escondernos en el ático. Sentíamos que nos freíamos bajo el techo de chapa extremadamente caliente. No teníamos comida ni agua. Durante los primeros días, encontramos sustento mordisqueando patatas crudas. Más adelante, ni siquiera deseábamos comida. Ahora me parece difícil de creer, pero es cierto. La falta de agua se convirtió en nuestro mayor problema. Sobrevivir sin ella era inconcebible. No sabíamos cuánto más duraría la caza humana y ya nos habíamos reducido a la mitad de nuestro peso.

Empezamos a preguntarnos si el final de nuestras vidas sería más fácil. Era el octavo día del pogromo y los horribles ruidos de fuera se apagaron un poco. Ya casi habían llegado al número deseado de 19 000 judíos. Todo se tranquilizó mucho más que en los primeros días. Al recordar un plato lleno de agua de lluvia en un balcón, se volvió una tentación demasiado grande como para resistirla. Uno se arriesgó a salir y cogerla. Cuando volvió a salvo con ese plato lleno de agua estancada fue una escena para no olvidar.

Todos tomamos unos cuantos sorbos de esa delicia que nos salvaría la vida. Cuando era el turno el suegro de mi hermana, se negó y en una voz apenas audible susurró «Dádsela a las niñas», es decir, yo una sobrina suya. Insistió y nos bebimos su parte. Ojalá no haberlo hecho, pues esos pocos sorbos de agua podrían haberle salvado la vida a ese buen hombre.

No tuvimos más agua para beber hasta el día quince de esa terrible experiencia. Atraparon, dispararon y enterraron en fosas comunes que habían cavado antes a 19 000 judíos. Dos meses más tarde, los siguieron 6000 más. Todos los judíos de nuestra ciudad, menos mil, estaban muertos. Durante un año, hicimos las tareas que nos pedían para los alemanes. Después de un año, llegó lo inevitable.

Después del primer pogromo de quince días, emergió un grupo del ático. Parecíamos esqueletos, pero estábamos vivos. Aunque fuese por el momento, aguantamos, perplejos. No fue así para el suegro de mi hermana. Emergió, pero sucumbió en silencio un día más tarde. La deshidratación pasó factura. Sacrificó sus sorbos de agua para que nosotras, las niñas, tuviésemos más oportunidades de sobrevivir. Siempre apreciaré el recuerdo de ese hombre bueno y amable.

Para mí, y los que son como yo, es bastante difícil borrar los recuerdos de esas experiencias oscuras y difíciles de imaginar. - Mania Lichtenstein, 26 de octubre de 2002

Recuerdos que no se van

En la quietud de la noche, el sueño no viene a mí, Me duele la cabeza y me late el corazón. Veo, escucho, siento su dolor, En ese entonces, cuando el mundo parecía claramente loco. En 1942, desde el claro cielo de otoño, Dios nos miró desde arriba, sin pestañear. Los atraparon como a perros callejeros y los metieron en furgones, Madres, padres, bebés y niños pequeños asustados, que deseaban saber cuál era su gran crimen, Sabían adónde llevaba el camino: Al lugar llamado PIATYDNIE, que conocían tan bien. El lugar donde aguardaban las fosas comunes, grandes y vacías. Solo unas pocas semanas antes, habían ordenado a los judíos que cavasen. Las madres miraban a los niños con disculpa en los ojos «Perdonadme, pequeños» parecía que escapaba con sus suspiros.

El camino sin retorno llegó a su fin rápidamente, Mirando los cráteres como bestias, creados por hombres, Sabían bien lo que significaban. «Rápido» rugían, «saltad adentro, cerdos». Esta vez diecinueve mil debían llenar esos hoyos.

Afortunados a los que dispararon y mataron rápidamente, Los otros se ahogaron lentamente en una cama llena de sangre. Misión cumplida: ¡POGROMO 1, ÉXITO ROTUNDO!

Y dos meses más tarde seguirá el 2. Solo seis mil, una tarea fácil la próxima vez, Con planificación perfecta, ocurrirá en el momento adecuado. Los mismos furgones, la misma ruta, destinación conocida, A la idea de la muerte se han acostumbrado ya. Su destino estaba sellado, ninguna oportunidad de retroceder (¿rectificar?) POGROMO 2, OTRO ÉXITO.

Quedaban mil, pero solo durante un año. Para producir para los alemanes el tan necesitado equipo. Después de un año y un mes para ser precisos, El destino del millar no fue ninguna sorpresa. Una ciudad consiguió la perfección con el JUDENREIN Los nazis se regodeaban genuinamente orgullosos. Y esto ocurrió en mi ciudad natal WLODZIMIERZ.

De las ciudades polacas, como la mía, exterminaron a los judíos y desaparecieron para siempre. Ha sido doloroso para mí escribir esta pieza. Pero sentía que había colocado una corona en sus tumbas...

Nunca dormiré con tranquilidad, Pues no puedo olvidar y superar...

Mania Lichtenstein

Vida

Los años pasan tan lentamente,

Pero avanzan tan rápido,

Un día parece durar para siempre,

Pero no dura demasiado.

Cada momento tiene un inicio

Que da forma a nuestro día o nuestra mente,

Aunque un inicio, como lo conocemos,

Debe tener un final obligatoriamente.

Risas, dicha y felicidad,

Qué hermoso suenan estas palabras,

Pero sin lágrimas ni malestar,

Nos olvidamos de apreciarlas.

Lo bueno, lo malo, lo alegre y lo triste,

Van todos juntos como uno

En el camino de la vida que empieza un día

Hasta que termina algún día.

Una vez más la nueva vida empieza a jugar su papel

En este ciclo perpetuo de la VIDA.

Mania Lichtenstein, 1997

1942: un flashback

Recuerdos. ¿Por qué tienen que volver? A veces olvido lo que hice ayer, en cambio, cosas que ocurrieron hace años siguen pasando por delante de mis ojos. ¡Si tan solo las pudiese limpiar con las lágrimas que provocan! Pero el hecho es que vuelven constantemente y me llenan el corazón con demasiada tristeza.

Me guardo estos pensamientos para mí misma. ¿Para qué molestar o aburrir a los demás con algo que ni siquiera pueden comprender? Aquí entráis vosotros, mis queridos papel y pluma... Estoy agradecida al papel diseñado especialmente y al «Aladdín» que hacen posible que yo escriba. Escucháis cuando abro mi corazón, me ayuda un poco.

Hoy he tenido un flashback de 1942. Los años que siguieron no fueron para nada más fáciles. Me habían robado los sentimientos y, como en un estado comatoso, lo único que quería era que terminase esta pesadilla. ¡Viniese lo que viniese!

Hoy mis pensamientos vuelven al 1 de septiembre de 1942. El primer capítulo de la infame exterminación de nuestro gueto. A las seis de la mañana, cuando sonaron los primeros disparos, me encontré separada de mi familia. Nos pillaron desprevenidos y, en estado de pánico, seguí a unas personas a un ático donde pasamos quince días, ¡lo que duró el primer pogromo! Como esto sucedió en un instante, no trajimos comida ni agua. Agachados, intentando distanciarnos todo lo posible del techo de lata extremadamente caliente, aguardamos quietos, sin apenas decir palabra.

La búsqueda fue intensa. Los pisotones de las botas de los nazis en el tejado mientras buscaban a sus «valiosas presas» nos ponían de los nervios. Ni por un instante nadie pensó en comida ni la deseó. Agua... ¡esto era otra cosa! ¡Solo se puede imaginar lo que la falta de agua puede hacerle a una persona! Algunos empezaron a perder la cabeza y actuar de forma errática.

En el octavo día de sequía, conseguir un sorbo de agua se convirtió en una necesidad. Uno de nosotros se arrastró fuera de nuestro escondite para coger un plato con agua de lluvia de uno de los balcones porque no había agua corriente en este edificio. No olvidaría ese sorbo de agua estancada durante muchos años venideros. Agua, la gema más preciosa del mundo.

Mientras, yo miraba a través de los espacios entre las tablas del ático y vi las llamas del gueto donde estaba mi familia. No serviría de nada engañarme a mí misma. No era difícil adivinar su suerte. Ya se habían unido a los 19 000 destinados a perecer en ese pogromo. Las fosas comunes preparadas ya habían engullido los cuerpos de hombres, mujeres y pequeños inocentes. La ropa que se tuvieron que quitar antes de ser asesinados seguramente tenía más valor para los nazis que las vidas judías.

Tomó dos pogromos más después de ese eliminar los 26 000 judíos que vivían en mi ciudad. «Judenrein», limpio de judíos, era su «noble causa». A veces la gente dice, deja el pasado atrás. Muy fácil decirlo, pero no puedo, aunque lo intento. ¡Los flashbacks seguirán para siempre!

Mania Lichtenstein, 23 de agosto de 1998

Ver

Ver te hace sentir que el mundo es tuyo,

Tuyo para contemplar su belleza y esplendor,

El cielo azul con el sol brillante,

O el oscuro cielo nocturno lleno de plata,

Ver caras conocidas, la tuya propia o las nuevas que llegan,

Un placer no muy reconocido,

Menos cuando la vista lamentablemente se ha ido,

Uno empieza a lamentar el tesoro perdido,

El mundo antes tuyo se escurre lentamente,

Y se vuelve un recuerdo distante.

Mania Lichtenstein, 31 de diciembre de 2002

(escrito en un momento de frustración)

Fenómeno del tiempo

El sol se ha deslizado detrás del horizonte,
Proclamando que ha pasado un día.
No hay que preocuparse. Otro día está preparándose,
Para aparecer al día siguiente, a la hora de despertarse.
Pues el tiempo nunca para,
No hay poder que pueda hacerlo,
La magia no puede ni siquiera durante uno o dos segundos detenerlo.
Cada segundo que pasa ha pasado para siempre,
Nunca para ni se repite, ¡se pierde!
El reloj. Un artefacto fabricado en base al tiempo,
Sigue haciendo tictac constantemente,
El tictac que acabamos de oír,
No lo volveremos a escuchar,
Se lo ha tragado el tiempo que nunca va a parar,
Cada mañana nos enfrentamos a un inicio nuevo,
Nos movemos a la vez que el tiempo eterno
Lo que sea que hagamos, puede parar un día,
Pero el tiempo... seguirá adelante...

Mania Lichtenstein, mayo de 2001

El pasado nostálgico

Soy una persona emotiva, cualquiera que me conozca estará de acuerdo. Cuando era joven tenía que reprimir las emociones y los reflejos del pasado. Cuidar de mis hijas, un trabajo constante y demandante, y las cosas inesperadas que la vida presentaba tan frecuentemente eran suficiente para llenar mi mente.

Muchas veces había imágenes de los años pasados, todavía muy vívidos en mi memoria, pero los apartaba rápidamente. Por el momento, fingir que el pasado no existía ayudaba a soportarlo. Ahora, en otra etapa de mi vida, y con tiempo de sobra en mis manos, no hay nada que pueda impedir que mis emociones y pensamientos se descontrolen.

Pienso en mi familia, la gente que conocí en el pasado, que murieron todos y me dejaron con tantas preguntas sin respuesta. Se han ido y ahora es demasiado tarde...

La gente joven no es consciente del error que cometen al no desear conocer el pasado de sus mayores. Después de todo, también es el suyo. Sus vidas podrían verse muy enriquecidas con este conocimiento.

«Una vida» parece una eternidad, pero pasa con bastante rapidez. Cuando uno es mayor y mira atrás, todo parece haber pasado «ayer». El pasado es una parte inseparable de nosotros y siempre trae consigo una fuerte dosis de nostalgia.

Mania Lichtenstein, 26 de diciembre de 1999

1997: los años de terror

(Carta en yidis)

Atrás quedan los años,

atrás queda el tiempo,

Cuando era niña,

igual a todos los otros niños,

Con una madre y un padre,

se oían las risas de las hermanas,

Sin creer que en algún momento

todo esto se vería interrumpido.

Una nube oscura vino y cubrió el cielo,

Ordenó que la nación judía

debía desaparecer del mundo.

Nos dispararon, nos quemaron, nos ridiculizaron

No debía quedar ni un recuerdo,

pensaron las nubes oscuras.

Rieron cuando una madre lloró lagrimas sangrientas

Al ver como derramaban la sangre de sus hijos

A ella también se la llevaron pronto de este mundo enfadado

Pensaban que nadie sobreviviría a este susto

¿Quién se lo contaría al mundo?

Tan difícil de comprender,

¡ella (el mundo) claramente no se lo creería!

En esta nube oscura apareció un punto luminoso

Así pues, me mantuve con vida por los demás

Para no dejar que se olvidase

para contarlo, para recordarlo

Como todo desapareció

y como todo quedó desolado.

Después de tantos años, no pasa un solo día

En el que pueda olvidar los años de terror

Olvidar...

No es posible, aunque quiera un poco

¡No lo permitiremos de nuevo,

que rocíen sangre judía con sus cuchillos!

Mania Lichtenstein

La montaña que escalamos

La escarpada montaña de la vida que escalamos

Desde el primer día de nuestras vidas

Una montaña tan tentadora y difícil

Un impulso magnético nos guía.

Subiendo lentamente, luchamos con cada paso,

Vamos subiendo, como debemos, hacia la cima,

Arañazos, golpes, dolor o cosas peores

Las normas de la vida a que no paremos nos instan.

Así, continuamos a través de los buenos y malos momentos,

A veces patinamos o nos caemos,

Aún somos jóvenes, nos queda mucha energía

La fuerza de la naturaleza nos ordena seguir moviéndonos.

Entonces un día, algo cansados, llegamos al cénit,

Nos tomamos un momento para descansar y reflexionar,

Mientras miramos el camino que hemos dejado atrás

Y los años pasados construyendo nuestro nido empezamos a contar.

Nos preguntamos cuándo ha pasado todo este tiempo,

Sonreímos ante nuestros logros,

Nos arrepentimos de cuando no hicimos lo correcto,

No podemos cambiar ni repararlo.

Demasiado tarde, lo hecho, hecho está,

Nos espera el camino hacia abajo,

Con menos motivación y las extremidades doloridas

Empezamos a descender, despacio.

Las normas de la montaña de la vida se mantienen fuertes y no se rompen,

Exhaustos de la subida sin paradas,

Intentamos disfrutar lo que queda de nuestros días,

Hasta que la paz eterna nos abraza.

Mania Lichtenstein, 16 de enero de 2003

El futuro consiste en: sueños y esperanza,

El pasado en: ¡recuerdos y reminiscencias!

El artista supremo

A través de los siglos, los artistas han creado
Objetos de belleza, tan reales,
Que reflejan la naturaleza en todo su esplendor,
Y caras que «viven y sienten», a nosotros iguales.
Mientras caminamos por los pasillos donde muestran sus obras,
Nos maravillamos y los adoramos,
Vestidos de terciopelo, seda y encaje,
Elegantemente rozan el suelo sus bordados.
Dicen que Dios creó al hombre a su imagen
Sin duda Él ha sido su mentor,
Les hizo ver las maravillas del mundo,
Repartidas con abundante lustro
Los hizo fijarse en el cielo azul claro,
Que se cambia de vestido para la noche,
A un azul medianoche con estrellas adornado,
Para verse de cerca y de lejos, sin que importe.
Las praderas de un verde profundo moteadas de flores,
Rosas, rojas, amarillas o blancas,
Les dijo que mirasen el arcoíris de colores,
Que contemplasen la maravillosa visión y las plantas.
Las tímidas violetas que aparecen en los confines de los bosques,
Una y otra vez cada primavera,

Y que no ignorasen el dorado del sol,

Y la luz de plata de la luna llena.

El negro de la noche y el blanco de la nieve,

Existen a pesar de su melancolía,

La precisión de la anatomía de todos los seres vivos,

Quizás... ¡¡¡la maravilla más grande será siempre!!!

Todos estos mezclados en un paisaje perfecto,

Hecho para todos nosotros por el «Arista Supremo».

Concedió solamente a unos pocos la habilidad de emular

Las maravillas de su creación,

Pero solo en un lienzo con pincel y óleo,

Intentan duplicar su visión.

Dejad que Darwin y la Biblia discutan quién tiene razón,

No me importa demasiado,

Miro a mi alrededor y sin duda,

Siento que una obra maestra estoy presenciando.

Mania Lichtenstein, 1998

(Cuando el pronóstico de mis ojos empezó a ser malo, salí al jardín y vi una belleza en la que apenas me había fijado antes.)

Carta en yidis

1997: Los años dorados

(Carta en yidis)

¿Quieres saber cómo me va?
Por mi parte, no hay muchas novedades
Duele un poco, pero tengo esperanza y ganas
Pero para mi edad, estoy bien.
Y qué si mi sangre es débil
Y me duele el cuerpo y no oigo bien
Soy débil y lenta y no veo bien
Pero con todo, estoy bien.
Tengo artritis en ambas piernas
¡Solo espero que no empeore!
Por qué debería llorar, no soy la única.
Nadie quiere oír mis problemas.
Me levanto por la mañana, me pongo la dentadura,
cojo el bastón porque me duelen los huesos,
me pongo las gafas y leo los obituarios,
miro los nombres rápidamente
Mi nombre no está, no está escrito,
Esto significa que todavía estoy viva.
Un nuevo día comenzará
Diré oy vey, el último día ya ha pasado

Le doy las gracias a Dios porque las cosas podrían ser peores

Lo pasado, pasado está, ya se ha ido

Así que bebamos una copa de vino: l'chaim

¡Por los años dorados y un buen año nuevo!

Mania Lichtenstein

EPÍLOGO

No es una sorpresa que mi abuela encontrara difícil y profundamente doloroso documentar sus observaciones y experiencias de la guerra, sobre el horror y las pérdidas inimaginables.

Hacia el final, escribió:

> *Después de terminar mi última historia, juré que sería la última vez que escribiese. Mi vista fallida no puede cooperar más.*
>
> *Sin embargo, aquí vuelvo a escribir... el tiempo ocioso, que tengo de sobra, hace que la mente saque a relucir recuerdos de toda una vida. ¡Llenan la mente más allá de su capacidad y, para aliviarlo, debo escribir, por difícil que sea!*
>
> *Escribir esto no ha sido fácil, me ha llevado varias noches en vela. Ahora está hecho y, con suerte, nunca más un judío deberá experimentar un infierno como este.*
>
> – Mania Lichtenstein

* * *

En ese momento yo estaba escribiendo *Vivir entre muertos* y a la vez presenté el nombre de Janina Zawadzka para los Justos entre las Naciones de Yad Vashem. Justos entre las Naciones es una lista de personas no judías que han recibido el honor de Yad Vashem, el memorial del Holocausto de Israel, por haber puesto sus vidas en riesgo durante el Holocausto. En diciembre de 2020 recibí una carta de Yad Vashem en la que me decían que le habían otorgado el honor a Janina Zawadzka y que su nombre ahora estaba expuesto en el jardín de Yad Vahsem junto con los otros que habían sido nombrados Justos.

Durante el verano de 2021, me llegó una oportunidad única y me encontré en un viaje a la ciudad natal de mi abuela, ahora situada en el este de Ucrania. Antes de ir me resultaba imposible imaginar la zona sobre la que hablaba mi abuela. Sin embargo, las imágenes en blanco y negro que ocupaban mi mente pronto se llenaron de color y profundidad; los girasoles que imaginaba me engulleron físicamente en sus campos enormes. Durante el viaje pasé tiempo en su calle, buscando el solar donde creemos que antes estaba su casa.

Intenté imaginar cómo debía de haber sido para mi abuela crecer en esa zona rodeada de su familia, jugando en la calle con sus amigas y oliendo las hermosas flores. Miré al cielo y me pregunté si estaba viendo el mismo espacio que veía ella de niña. ¿Miró arriba alguna vez, cuando estaba oscuro y estrellado, para pedir un deseo? Me pregunté, de ser así, ¿cómo pudo un cielo lleno de deseos volverse tan oscuro y feo?

Durante mi estancia en su ciudad, conocí a algunas de las personas más maravillosas que podía imaginar. Vecinos que vivían en su calle me pidieron que pasase a presentarme. Comimos cerezas y albaricoques de los árboles. Visité las fosas comunes de las que hablaba mi abuela y descubrí que había tres, no dos como decía ella. Hice el viaje en el momento justo, pues Rusia invadió Ucrania solo siete meses más tarde.

El terreno donde creemos que estaba la casa de mi abuela.

Adena de camino a las fosas comunes.

La tercera tumba a la que fuimos, que se cree que fue la primera en llenarse de hombres, mujeres y niños judíos. Creo que la familia de mi abuela fue enterrada en esta porque los asesinaron durante el primer pogromo.

PETICIÓN DE RESEÑA

Deseo sinceramente que la historia de mi abuela haya aumentado tus conocimientos y tu entendimiento del Holocausto. Apreciaría mucho si pudieses poner una reseña en Amazon o Goodreads. Esto ayudaría a visibilizar la historia de mi abuela.

¡Muchas gracias por adelantado!

Adena Bernstein Astrowsky

Para cuestiones sobre conferencias, pónganse en contacto con la autora:

Adena.Astrowsky@yahoo.com

Para cuestiones sobre pedidos al por mayor para clubs de lectura o escuelas, o para manuscritos de autores, pónganse en contacto con Liesbeth Heenk de Amsterdam Publishers:

info@amsterdampublishers.com

NOTA: Junto con Hilary Levine he creado una guía del educador para acompañar este libro. Está disponible en inglés en Amazon (Kindle y tapa blanda): *Living among the Dead: My Grandmother's Holocaust Survival Story of Love and Strength - EDUCATOR'S GUIDE.*

MÁS DE AMSTERDAM PUBLISHERS

La serie **Supervivientes del Holocausto** consiste en las siguientes autobiografías:

Memorias de Hank Brodt. Una vela y una promesa, *de Deborah Donnelly*

Un adolescente vive en un orfanato judío. Los nazis entran en su ciudad de Polonia en 1939.

¿Cómo conseguirá el chico de 14 años sobrevivir a las salvajadas por sí mismo y mantener su humanidad?

Esta chocante biografía del superviviente del Holocausto Hank Brodt (1925-2020) ofrece un vistazo personal al mundo interior de un chico en el régimen nazi y arroja luz a verdades repugnantes de forma honesta y objetiva.

Hank Brodt vivió uno de los períodos más oscuros de la historia de la humanidad y sobrevivió a la devastación de la Segunda Guerra Mundial. Nacido en una familia pobre de Boryslav (Polonia), lo metieron en un orfanato judío. La infancia de Hank quedó destrozada cuando los nazis entraron brutalmente en Polonia. Durante los años siguientes, libró una batalla diaria para sobrevivir y perdió a toda su familia. Trasladado de los campos de trabajos forzados a los campos de concentración, uno de los cuales aparece en la lista de Schindler, su mundo dentro de las vallas consistía en resistencia callada, lágrimas invisibles y lloros silenciosos.

Cuesta creer que alguien que soportó unos acontecimientos tan horribles podría llegar a vivir una vida de gratitud hasta hoy. Con su compasión inquebrantable hacia los demás, Brodt consiguió mantener su humanidad y encontrar la forma de seguir adelante.

Las memorias del Holocausto de Hank Brodt son un recordatorio necesario de una de las épocas más desagradables de la historia de la civilización humana.

Un grito de protesta: memorias del Holocausto, *de Manny Steinberg*

La fascinante autobiografía de un superviviente de los campos de concentración.

Una historia brutal y honesta de supervivencia y resiliencia humana durante la Segunda Guerra Mundial.

Manny Steinberg (1925 – 2015) pasó su adolescencia en los campos de concentración de la Alemania nazi, y, milagrosamente, sobrevivió a lo que mató a millones. Esta es su historia. Steinberg se fijó en que, en el gueto judío de Radom (Polonia) donde había nacido, las personas judías estaban de cada vez más marginadas. En septiembre de 1939, con la invasión nazi, la pesadilla empezó. La población judía de la ciudad no tuvo ninguna oportunidad de escapar, y se enfrentó a la inanición, la tortura, el abuso sexual y, finalmente, a la deportación.

Un grito de protesta: memorias del Holocausto es el relato cándido de un adolescente que sobrevivió a cuatro campos nazis: Dachau, Auschwitz, Vaihingen an der Enz y Neckargerach.

Stanley, el hermano de Manny Steinberg, saltó del vagón de ganado que lo llevaba al campo de exterminio donde morirían su madre y su hermano pequeño. Desesperado, solo y hambriento, Stanley esperó en el exterior del recinto para ver a Manny y a su padre y, una vez descubrió que estaban entre los prisioneros, se entregó. Los días estaban marcados por el hambre, el frío, el trabajo duro y el miedo, pero saber que otros miembros de la familia estaban en el mismo campo los mantuvo con vida. Como hacer saber su relación habría significado la muerte, fingieron ser completos desconocidos.

Manny Steinberg cuenta como le sirvieron carne humana y lo obligaron a rapar a cadáveres de mujeres y arrancarles los dientes. Con una foto de su querida madre guardada en el zapato de madera, milagrosamente sobrevivió al terror de los campos de concentración alemanes, junto con su padre y su hermano.

Cuando los estadounidenses llegaron en abril de 1945, Manny era poco más que un esqueleto en vida, tenía varias costillas rotas y una enfermedad pulmonar grave, e iba vestido con solo una manta sucia y hecha trizas.

Steinberg escribió esta autobiografía que ha sido premiada para cumplir una promesa que se hizo a sí mismo durante los primeros días de libertad. Al publicar sus memorias del Holocausto, quería asegurarse de que el mundo no olvidaría nunca lo que pasó durante la Segunda Guerra Mundial en Europa. La narración es personal, clara y directa. La historia, basada en Polonia y Alemania durante la Segunda Guerra Mundial, está contada a través de los ojos de un hombre mayor que se fuerza a revivir los años de intenso sufrimiento. Es una crónica de la crueldad humana, pero también un testimonio del poder del amor y la esperanza. *Un grito de protesta: memorias del Holocausto* se ha convertido en un clásico de la literatura del Holocausto y la supervivencia humana, y es una lectura recomendada para universitarios y las generaciones más jóvenes en general.

Mi marcha a través del infierno. El aterrador viaje de una jovencita hacia la supervivencia, de Halina Kleiner con Edwin Stepp

Una jovencita se ve, de repente, completamente sola y escapando de los nazis en su pueblo natal en Polonia. Después de haber sobrevivido a una *aktion* ideada para eliminar completamente a los judíos de Czestochowa, ella y su padre tratan de dirigirse de regreso a su casa a altas horas de la noche.

Confrontados por un policía, Halina, inexplicablemente, huye y se aparta de su padre y comienza su largo viaje de supervivencia. Cansada ya de escapar, decide ofrecerse como voluntaria en un campo de trabajo. Aquella decisión la hace ganar algo de tiempo; los alemanes necesitan trabajadores para el esfuerzo de guerra. Halina trabaja en tres campos diferentes desde el otoño de 1943 hasta enero de 1945. Al principio, puede tolerar vivir en aquellos campos, a pesar de que trabaja muy duro y la alimentan muy poco, pero cuando los alemanes comienzan a perder la guerra, las condiciones se vuelven deplorables. Los judíos comienzan a infestarse de enfermedades y sus captores se vuelven cada vez más crueles.

Al hacerse evidente que los alemanes están perdiendo la guerra, las SS vacían los campos y ponen a más de 2000 mujeres a caminar una marcha durante cuatro meses. En esta marcha caminarían más de 800 kilómetros, durante uno de los inviernos europeos más frío registrados. Halina fue una de las 300 mujeres en sobrevivir la marcha de la muerte a Volary y finalmente sintió la necesidad de contar su terrible historia de supervivencia.

Vivir entre muertos. Como mi abuela sobrevivió al Holocausto con amor y fortaleza, de Adena Bernstein Astrowsky

Esta es la historia sobre el camino inimaginable de una mujer extraordinaria a lo largo del régimen nazi, la Segunda Guerra Mundial y sus consecuencias. La historia de supervivencia de Mania Lichtenstein está narrada por su nieta Adena Bernstein Astrowsky y sus recuerdos están entretejidos con hermosos pasajes de poesía y reflexión personal.

La superviviente Mania Lichtenstein usó la escritura como medio para lidiar con los traumáticos efectos de la guerra. Muchos judíos no murieron en campos de concentración, sino que fueron asesinados en sus comunidades de toda la vida, los masacraron unidades dedicadas al asesinato en masa y después los enterraron en fosas. Cuando era una chica joven, Mania fue testigo de los horrores mientras hacía todo lo que estaba en su mano para subsistir. Vivía en Volodímir, al norte de Lvov (Ucrania), la internaron durante tres años en el campo de trabajo cercano, consiguió escapar y se escondió en el bosque hasta el final de la guerra. Aunque era la única superviviente de su familia, Mania reconstruyó su vida en Canadá, con un nuevo idioma y nuevas costumbres, siempre cargando con la pérdida de su familia y sus recuerdos. Setenta y cinco años después de la liberación, todavía presenciamos actos de crueldad que nacen del odio y la discriminación. Vivir entre muertos nos hace recordar las hermosas comunidades que existían antes de la Segunda Guerra Mundial, las vidas perdidas y los que sobrevivieron, y la importancia de no olvidar nunca estas historias para que la historia no se repita.

www.ingramcontent.com/pod-product-compliance
Lightning Source LLC
LaVergne TN
LVHW010327070526
838199LV00065B/5682